私域运营

增长秘诀

张　胜　著

人民交通出版社股份有限公司
北　京

内 容 提 要

在公域流量红利逐渐减退的大背景下，人们更加注重对私域流量精耕细作，努力寻找新的营销增长引擎。本书对数智化私域运营做了系统性介绍。首先介绍了私域运营的本质，其次对以用户为中心的营销制胜秘诀、用户运营策略以及如何打造用户的竞争力展开陈述，之后介绍在实操中如何进行数智化私域运营，并以“潜客培育”为例展开说明，最后附上两个实操案例更加全面地展示私域运营逻辑和重难点。

本书可供身处数智化转型时期的传统企业、直接为消费者提供产品及服务的企业（通常指B2C）从业人员，以及大专院校市场营销、工商管理等专业的老师和同学们阅读、参考。

图书在版编目（CIP）数据

私域运营增长秘诀 / 张胜著 .—北京：人民交通出版社股份有限公司，2023.3

ISBN 978-7-114-18478-9

Ⅰ. ①私… Ⅱ. ①张… Ⅲ. ①网络营销 Ⅳ. ①F713.365.2

中国版本图书馆 CIP 数据核字（2022）第 257655 号

Siyu Yunying Zengzhang Mijue

书　　名：私域运营增长秘诀
著 作 者：张　胜
责任编辑：刘　洋
责任校对：赵媛媛
责任印制：张　凯
出版发行：人民交通出版社股份有限公司
地　　址：（100011）北京市朝阳区安定门外外馆斜街3号
网　　址：http://www.ccpcl.com.cn
销售电话：（010）59757973
总 经 销：人民交通出版社股份有限公司发行部
经　　销：各地新华书店
印　　刷：北京建宏印刷有限公司
开　　本：720×960　1/16
印　　张：10.25
字　　数：121千
版　　次：2023年7月　第1版
印　　次：2023年7月　第2次印刷
书　　号：ISBN 978-7-114-18478-9
定　　价：59.00元
（有印刷、装订质量问题的图书，由本公司负责调换）

>>> 序

一个数字化的时代，一个“网”的时代、“链”的时代、“云”的时代，正在呼啸而来。数字技术正在重构我们的生活、产业、社会、文明，乃至于整个世界。在数字化浪潮面前，我们除了贴近、跟随、运用，似乎不可能、也没有必要做别的或更多的选择。

看了张胜先生的新著《私域运营增长秘诀》，更加深了我对在信息化时代，新经济、新业态以及新模式的认识。

改革开放四十多年，我国正在变成一个交通大国、通信大国、汽车大国。有数据统计，到2022年底，我国公路通车里程达到535万公里，其中高速公路达到17.7万公里，在世界上遥遥领先；我国网民规模达到10.67亿，移动通信用户达到5.61亿，高居世界第一位；我国汽车年销售达到2686万辆，总保有量近3.2亿辆。在这个大背景下，我们不仅要问。当高速公路时代与互联网时代、与汽车时代不约而同接踵而来，这个世界该会怎样？

不仅如此，我们看到汽车流通行业也处于如火如荼的变革之中，互联网的普及，给传统的运营模式带来了巨大的冲击；而造车新势力的入围，不仅仅对新能源汽车产品造成冲击，对渠道等经营方式也带来了冲击；短视频营销平台的兴起，带来触达客户平台的变化，对主机厂营销方式也是一种冲击；获客成本大、售后流失率高、数字化技术应用少等变化，对传统经销商运营效率和盈利能力带来冲击。面对变幻莫测、不确定性越来越大的市场，汽车流通行业急需运用新技术、新手段，找到新的增长密码，激发变革的新动能，探索出适合行业发展的新范式。

过去几十年，汽车营销从铺天盖地的线下广告、电视与网络密集曝光的模式，到移动互联网时代线上线下融合的模式，无不是讲究高定位、快节奏、强冲击、大视野。长期以来，我们对“交易”强调有余，对于“客户深度沟通和长期的关系培养”重视不足，没有与客户建立长久连接，更谈不上持续维系。张胜先生的《私域运营增长秘诀》，就力图在这方面提供一种全新的视角和更加发散的思维，他认为，营销快速发展是随着市场的供需关系发生变化而变化的。“慢就是快”，也就是在“快”中找寻一种“慢”的方式，企业可自己联系客户，并按照价值体系把握提供价值服务的节奏，与客户有效沟通。如果说过去我们的交易是去市场，那么现在是“变客为主”。这种“慢营销”的方式相比“快营销”，营销成本更低，业务转化效率更高，因此受到了越来越多企业的重视。

本书作者张胜先生深耕汽车营销行业十余年，成就斐然。他服务过多个汽车主机厂品牌，既包括销量主力军的合资品牌，也覆盖了自主品牌、豪华品牌和造车新势力。在这个过程中，作者一直致力于营销的创新探索和实践，阐述的方法论和实战案例具有较高的参考价值。书中提到，私域用户运营的内容既涵盖“人、货、场”，又需要数智化技术的加持。“人、货、场”指的是要考虑私域用户从何而来，驻留在哪些平台上，企业提供什么样的价值和服务；数智化技术的加持，需要企业要运用大数据技术，构建私域运营的数据体系，建立不同的分析模型，更好了解客户的需求，从而进行适时、适当的客户服务。我认为，这种数智化赋能的私域运营模式，不仅符合当下消费者“懂我”“服务不过度”的需求，也符合各主机厂和诸多汽车销售企业转型发展、提升竞争力的需求。

随着人工智能、大数据和新一代通信技术的飞速发展，社会进入万物智联时代。在信息化、数字化基础上，智能化正在搭建人类向更高层次、更宽领域迈进的阶梯，对于营销领域更是如此。这些技术在推动社会进步的同时，更为企业的模式再造、架构重塑、流程优化以及向数智融合方向转型，带来了更多的解决方案。

创新无处不在、未来无限可能。希望更多的汽车企业和营销商能够于不确定性中寻求确定性，于不可预知中寻找规律性。让我们一起积极探索，用数字化加持传统业务，用数智化驱动系统变革，提升从企业到产业再到行业的发展能力与竞争力，为用户创造价值，为社会创造财富，为人类营造美好的生活。

中国公路学会副理事长兼秘书长

国际道路联合会（IRF）副主席

2023年3月21日

>>> 前言

子在川上曰："逝者如斯夫！不舍昼夜"。世界一直在变化中，营销也是如此。自人类社会出现了交换以来，营销一直都存在，也一直在变化。变化的是交换的内容、交换的形式、交换的场所和促使交换的手段；不变的是营销本质（需要的发现与满足）和底层逻辑（人性与人心）。

势，自古以来都存在，有大势所趋、顺势而为等。在营销领域势同样存在，并发挥着重要作用。从近十年的门户网站到互联网＋，从共享经济到智能经济，从消费互联网到产业互联网，从数字化到数智化……一次一次发展与变化，是诸多社会生产要素汇集聚变而后形成的势。而当下之势，在移动互联网日臻成熟、去中心化愈演愈烈、客户入口逐渐增多、传统媒体的商机日蹙等大背景下，高质量的流量更显弥足珍贵。各个企业在做好"公海捕鱼"的同时，纷纷探索"私池养鱼"的模式：凡经我手，皆为功德，珍惜流量与每个客户资源。此模式就是私域运营。

本书的写作目的是为私域运营从业者提供一套成体系的方法论，方便大家结合多年的营销与运营经验更快速地了解私域运营的切入角度、启动的逻辑和顺序，掌握核心关键点以及常见的运营误区。本书从运营的角度出发，提炼客观规律；从营销的角度出发，提炼客户运营的底层规律以及常用的营销心理学知识；从用户策略角度出发，分享客户的分类、分群与分层的精细化运营方法，并针对不同属性、在不同运营阶段的企业给出不同的运营模式，还介绍了不同客户群体积分、成长值和勋章如何设计、权益如何匹配等问题；从CEM（用户体验管理）角度出发，解读用户竞争力，从满意度、惊喜度、忠诚度、传播度、推荐度五个角度来感知和评测客户的体验值并进行价值管理；重点从数据智能角度出发，解析了数据智能在客户运营方面的应用，包括客户洞察、客户需求预测、客户跃迁引擎和客户推荐模型等；从实践出发，通过一个具体场景“企业的潜客培育全流程”介绍如何进行数智化私域运营；最后附上了两个具体的应用案例，全面展示私域运营逻辑和重难点。

时移世易，随着时间和势的改变，其中部分内容必然也会变得不合时宜，请大家在阅读中辩证吸收，多提宝贵意见。希望大家能在私域运营工作中大展宏图、大有作为，成为私域运营增长师，助力整个行业的繁荣。

张　胜

2022年8月

>>> 目录

第一章
私域运营的本质

一、私域流量的分类

（一）认识流量与私域流量

流量是指在既定的统计周期内通过一指定空间的物质的数量，包括可见的物体和不可见的物质，比如某交通路口的车流量、某门店人流量、网络通信的数据流量等。

平台的流量是指在统计周期内访问某平台（比如网站或App、小程序等）的数量。在网络世界里因为很难看到具体对象，所以人们常用访问平台的网络地址（IP）来统计；后来可读取访问平台的设备号之后，还可通过设备号来甄别独立访客。常用的指标有：①页面访问量（Page View，PV），指平台的用户访问量。平台会记录每一次用户访问，但并没对用户进行去重，比如同一用户一天访问10次，在PV里会增加10。②独立访问用户数（Unique Visitor，UV），指在统计周期内具体有多少个独立客户访问，通过IP或设备号等方式来判定。页面访问量关注的是平台的热度，独立访问用户数关注的是平台的用户量。③其他指标。为了更全面地测评平台的用户活跃情况，还有以下指标可参考，如用户的平均访问时长、用户的跳出率、每个用户平均的页面浏览数量、用户的交互数（活动参与、点赞、评论、转发）等。

私域流量是指把用户从公域（门户网站、网络媒体平台、短视频平台等公共平台）引流到自己私有的平台（如官网、App等）并沉淀的流量，以及私域本身产生的流量（裂变产生），也可简单理解为企业自建私域平台上沉淀的流量。私域流量的特征是企业可以对进入私域池的用户进行二次及以上的营销触达，而不受限于其他平台或系统的规则。私域流量和域名、商标、商誉一样属于企业私有的经营数字化资产。私域流量是可以长期反复触达、持续影响、具有标签属性、可精细运营、具备商业价值或长期品牌价值的用户流量，本质是可以低成本甚至是免费持续挖掘价值的用户群体。

（二）流量的分类

1. 流量的不同分类

流量隶属的平台不同，分类也不同。根据品牌或机构对用户影响力的不同，平台可以分为广义私域平台和狭义私域平台。广义私域平台基于公域平台体系规则办法，依靠相应平台内容对用户进行运营维护、转化及裂变；狭义私域平台支持品牌与用户建立深度触达与响应，品牌自主运营空间大，且转化效率与用户运营效果更佳。私域流量是品牌自有的、可开展个性化运营的用户资产，也是重要的品牌数字资产。

2. 用户运营视角的流量分类

从用户运营的视角，根据流量所属的平台和利用范围的不同，我们可把流量分为4个层级，分别是私域流量、次私域流量、次公域流量和公域流量。其分类逻辑如下：

（1）私域流量，严格来说对应绝对私域平台，一般是品牌方自行开发的平台，拥有绝对的所有权且拥有全量的用户数据，同时功能设计和开发全部自主进行。

（2）次私域流量，对应的是相对私域层平台，往往指的是腾讯生态下的微信公众平台（包括企业微信）和小程序。它提供了功能强大的开发平台和应用程序编程接口（Application Programming Interface，API），并能连通微信生态，是个非常便利且高效的客户沟通载体。但主导权在腾讯，受腾讯的管理，如果操作不当会陷入被封号的尴尬境地。同时，受限于腾讯生态平台的规则，数据也不是全量的。相对私域层便利性有余，但私有性和主动权不足。私域运营通常是把“绝对私域和相对私域”的平台和流量整合起来运营，所以私域流量通常也是指以上两个类型平台的流量。

无论是用“微信公众平台”还是企业微信，都会遇到“一言不合”就被封的尴尬情况。被封的原因有很多，运营方也未必全部掌握，很多时候只能不断“试错”，这也是次私域流量使用时的不便之处。因此很多品牌方在构建私域运营的时候，一定会把App作为自己的绝对核心私域阵地。

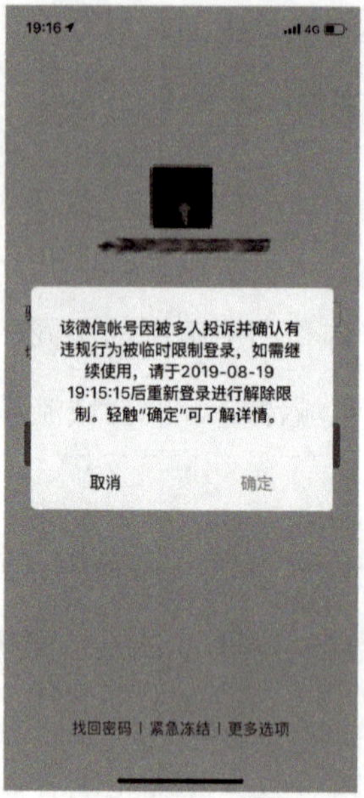

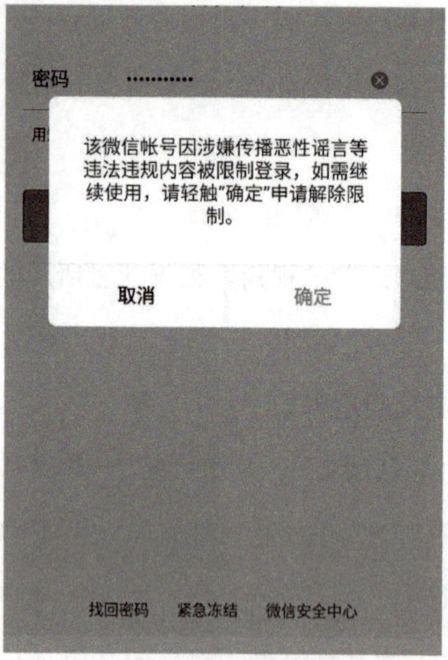

（3）次公域流量，对应的是次公域层平台。次公域流量也都在公域的载体之上，比如微博、抖音、快手、小红书等，基本不会向品牌方自建的私域平台引流，支持在体系里进行流量自闭环到成交。次公域层平台会给每个企业提供一个独立的账号和界面，这个界面可以在规则下进行个性化装饰和运营。在平台体系里，可以从平台吸引流量到你的账户下，并与用户建立联系与交易。诸多电商平台如天猫、京东也属于次公域平台。但对于品牌方来说，平台是别人的，流量也是别人，除了通用的商务智能（Business Intelligence，BI）之外，没有其他数据。拥有的所有权、主动权有限，所以我们称之为次公域。

（4）公域流量，对应的是公域层平台。公域层平台，只是一个流量平台，按照时段提供曝光点位，时间一到、曝光消失，流量入口就断了。

公域层平台按照时段和点位付费。

4个层级流量对应的平台如下图所示。

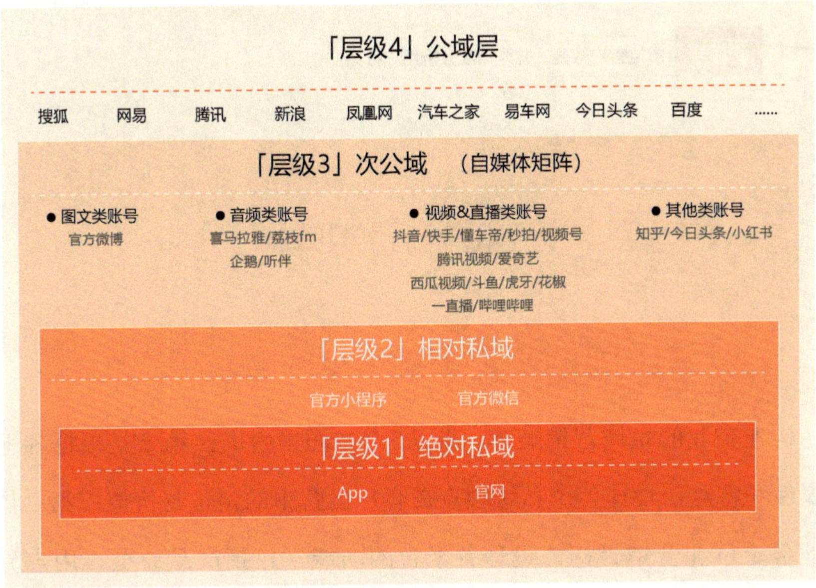

私域流量至少要具备以下3个特征：

（1）客户私有性。企业直接拥有平台上沉淀的用户。

（2）可反复触达。在法定范围内，企业主可按照自己的企业营销节奏和方式对用户进行营销活动，或对用户进行关怀，而不受限于任何第三方。

（3）数据独有性。客户的基础数据和行为数据都保存在企业的平台上。在法定范围内，企业可对大数据进行分析和应用。这是一个核心的甄别要素。

私域流量的3个特征

私有 客户资产属于企业拥有

触达 可主动反复触达与唤醒

数据 掌控客户数据，并能精准分析用户行为

二、构建私域运营的流量矩阵

（一）私域运营，企业需要构建自己的私域营销矩阵

构建企业的私域营销矩阵，要从3个方面来考虑：第一是根据各平台的属性和特点，设计各个私域触点在客户运营中的定位与价值；第二是根据业务定位和营销目标，设计各平台的功能，包括产品原型、用户界面（User Interfaue，UI）、用户体验（User Experience，UE）、软件代码开发等；第三是设计数据驱动型的运营体系，并根据此目标设计数据库，包括关系型数据库和非关系型数据库的搭配，同时考虑“One ID”（可将用户的手机ID、访问网络的设备ID、cookie ID等各ID进行映射，识别“张三”是“张三”，“李四”是“李四”）的开发。是构建一个小型的持续数据保护（Continuous Data Protection，CDP），还是只存储数据，也要考虑到。

（二）私域营销矩阵示例

构建私域营销矩阵应考虑营销的目的和需求，例如：

（1）以营销转化为导向的营销矩阵设计中，腾讯小程序作为轻应用，可作为营销交互的核心阵地便捷地与客户发起互动与沟通，尤其在营销前期可作为客户留资、领券或咨询的主要场景。

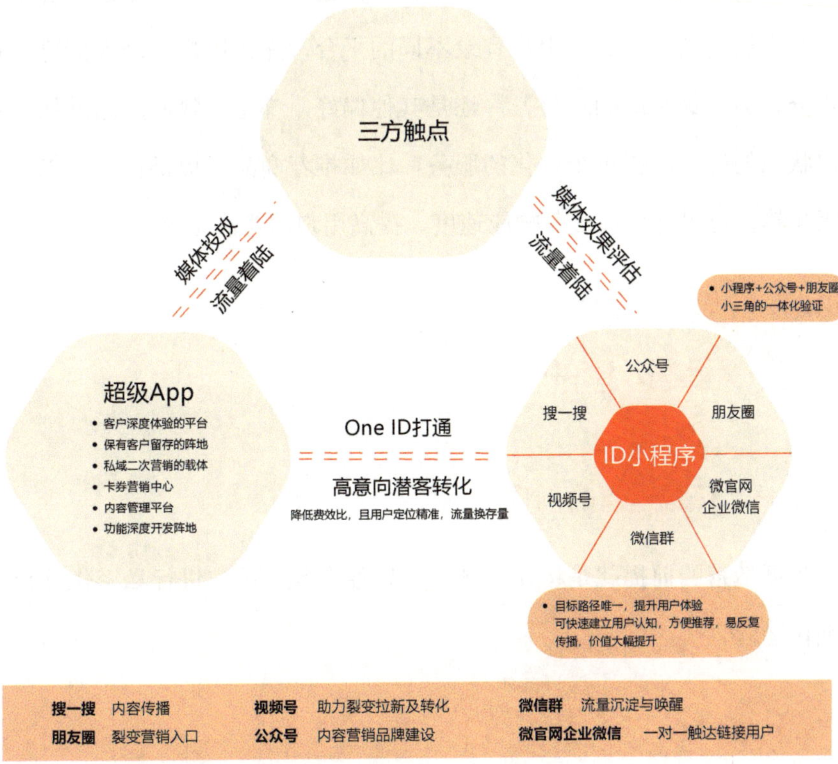

（2）如果有更深度的应用需求，如AR看车、AR看房、商品对比等，或需要保有客户（已购买的客户）沉淀，并保持互动黏性，在App里会更合适。

（3）如果客户处于购买商品的后期，有明确的诉求和疑问，企业微信会更加快捷与高效。矩阵构建时应充分利用不同平台的优势。公域平台作为引流阵地，用于吸引流量；小程序等微信平台作为营销交互阵地，用来与意向客户沟通并实现转化；App为私域核心阵地，主要用于潜在客户承载、培育和转化，同时作为保有客户聚集的场所。在多个平台之间跳转，会不会降低用户的体验？实则不会，但需要技术支撑。通过将各个私域平台底层的数据打通，用户登录不同的平台，无论用户的个人信息（登录积分、会员级别或勋章等），还是其他偏好，都是一致的。通过保持对用户状态的感知，提供个性化的服务，比如推荐商品、提供优惠，以及其他服务等，可提升用户服务响应速度，提高用户服务满足率。

三、私域运营的本质

（一）私域运营的前提

私域运营的前提就是构建私域池，以便在此对用户进行私密化培育、精细化运营。

1. 构建私域池

商业的本质是价值交换，而交换需要3要素——“人、货、场”。其中“场”，就是载体与平台，过去是集市，后来是门店，再后来是线上线下相结合。私域运营的载体，就是我们要构建的私域池。企业自有的私域池，指的是企业基于以上私域平台（私域矩阵），把客户引流并沉淀下来的地方。从IT建设角度来说，企业需要搭建自己的2C平台（App或小程序），后端有平台的管理后台，底层有数据库。在这个基础之上，把用户拉进来，就构建了私域池。

2. 私密化培育

私密化培育就是企业与客户进行沟通、互动，提高客户数量，增加客户黏性。私域平台属于自建平台，所有权自有，不会出现功能受限、账号无故被封等情况。更核心的是可合法地获取客户数据，合理地试用，满足用户个性化的需求，提升用户的体验。

3. 精细化运营

由于用户沉淀在自己的平台上，企业可多频次地与用户进行直接沟通，而非广告媒介类的单点次曝光。有了数据支撑，结合运营经验，就可对用户进行更加精细化的运营。针对不同类型用户有不同的运营内容、方式和资源加持。

4. 私域运营的内容组成

私域运营的核心目标是从引流到复购、裂变，要实现这个目标，需要我们做一系列的运营措施。根据以往的运营经验，这里列举了部分运营方法，包括以下12类（行业不同，分工也会有所调整）：

（1）流量运营，目的是拉新，获取新的流量。

（2）用户运营，提升用户价值或黏性。

（3）增长运营，提升用户量。用户运营和增长运营，在不同类型的平台，定位和侧重是不同的。平台型互联网公司如地图类，侧重用户运营，在乎平台有多少用户以及在线用户；而电商型公司更在乎商品交易总额（GMV）。

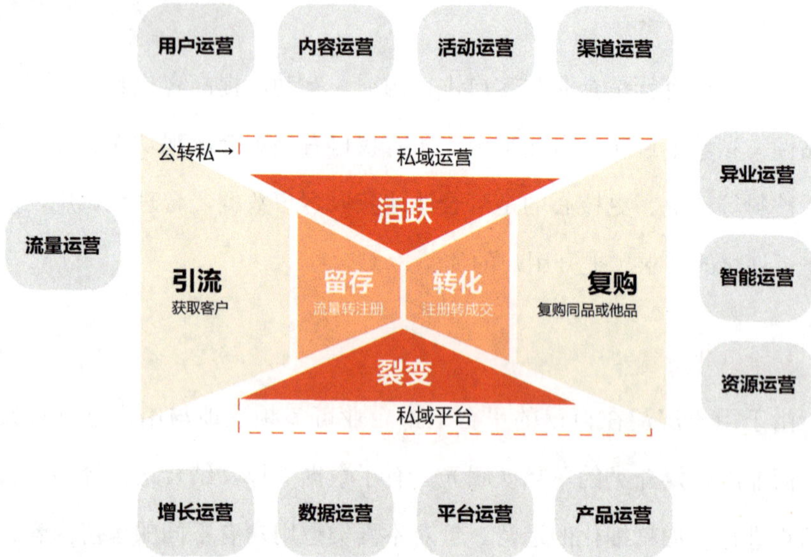

（4）内容运营，运营中与用户交互的内容设计，包括图文、视频等。

（5）活动运营，运营中设计的各种活动，比如成长任务、游戏、促销活动、抢券活动等。

（6）渠道运营，指的是企业合作方，尤其是下游合作方的统筹运营，比如在汽车、医美、酒类等行业往往都是由渠道销售来完成主要营销任务的。

（7）数据运营，根据平台数据情况分析运营结果以及改善方向，通常指的是结果分析层或初级数据处理层级，尚不涉及大数据智能产品。

（8）平台运营，通常是指为了保持平台正常运营，进行必要的功能维护和平台的内容上下架等。

（9）产品运营，为了提升运营目标进行的平台的功能迭代或版本的升级。

（10）智能运营，在其他的地方很少提及，但在数智化转型的时期，它必然是每个私域运营都不可缺少的部分。智能运营的核心内容有两个方面：第一通过大数据技术对运营过程进行智能诊断与分析，并做智能营销，提升运营效果，改善运营方案；第二是构建大数据产品，比如销售线索评级、成交预测分析等（详见本书第五章）。

（11）异业运营，指的是联系客群相似的异业生态伙伴，连通异业权益和服务，打造用户服务的大生态圈。

（12）资源运营，指的是企业的资源管理，比如投入预算、用户补贴政策、促销活动政策、渠道的返利、内部其他部门拉通和连携管理。

（二）私域运营的 KPI 目标

1. 运营必须有清晰的目标

各行业不同，营销属性与成交周期不同，私域运营的关键绩效指标考核（KPI）体系也不同。有电商属性的企业和平台型企业不同；快消行业和大宗商品销售行业也不同。属性不同，KPI体系设计也应该区别对待：有些偏短期目标，有些偏长期目标；有些偏用户增长，也些偏商品交易总额（GMV）增长。

2. 私域 KPI 设计示例

汽车行业某企业做全链路的私域运营的KPI指标设计如下图所示。

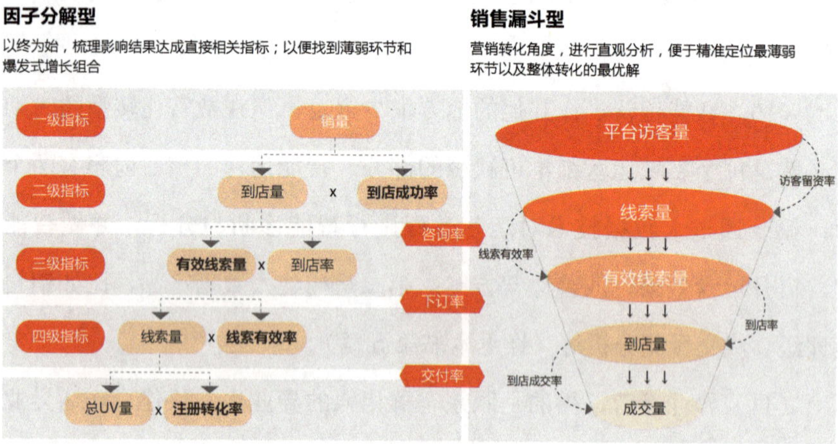

注：UV代表独立访客访问量，一台电脑终端或手机终端为一个访客。

其核心业务目标是“销量”，围绕销量设计销售漏斗模型的KPI体系。从平台访客量、销售线索量（商机数量）、有效线索量、这些线索最终能有多少到店（线下的4S店），到店的客户最终有多少成交（这就是最终销量）。严格来说，还有成交量到交车量（一般这是店端的销售管理范围）。

为了更高效地达成目标，要对每个环节进行拆解，拆解为“量”的指标和“率”的指标，“量”看的是结果，“率”看的是效率。本KPI指标体系中，仅仅是从销售转化的视角，来度量销售转化效率，看的是从UV量到注册量，注册量到线索量，线索量到到店量，到店量到成交量这个销售链路。这是管理视角，评估一个销售渠道或平台对于销售的贡献大小，以及销售的转化效率。这种KPI指标体系是一种结果性指标，使用者通常是大领导和高层。

作为运营人员，尤其是运营负责人，是以“结果指标”为导向来构建一套运营“提升指标”。每一个“指标”都会受一些动作集合的共同影响。比如影响销售线索量的相关动作集合有“注册客户”核心页面（商品页面、留资页面、活动页面等）的访问着陆率、访问时长、访问频次、跳出率等，以及不同活动页的客户留资率等。通过分析来精细化地度量用户需求与痛点，调整运营改善方案，比如是因为活动吸引力不足，目标推送人员不精准，又或是前端流量不足等。

（三）私域运营的回归本质

1. 私域运营的本质还是商业化

私域运营的本质还是商业化的运营，遵循商业化的规律。商业的本质是价值交换，价值交换的对象是“人”，做的事是“价值”。私域运营的对象是私域平台上的用户，做的事是如何为用户提供更有价值的商品或服务，或者是提高客户的购买体验、降低客户的购买成本。

2. 私域运营的本质是用户价值管理

私域运营讲究内外兼修，外修的是数字化技术，内修的是用户的价值管理。

所有运营的出发点是“用户”，思考的是“用户的价值”。每个企业都需要“扪心自问”，我们是在做用户运营吗？我们是否真正认识到要以“用户为中心”来设计我们的服务流程和服务体系？很多领导和运营管理人员，开口闭口就是“以人为本”，建立“以客户为中心的运营体系”，关注“用户体验和满意度”等。然而在实际运营管理中，大家看重或者不得不看重的还是结果，比如销量、GMV等。大家应用的管理模型，无论是销售漏斗模型、黑客增长模型，还是金字塔模型，对应的都是结果指标，而且无论哪个指标都是品牌方站在自己的角度申明着、盘算着“我”要什么，“我”希望得到什么。比如黑客增长模型中的AARRR是指“Acquisition、Activation、Retention、Revenue、Refer”，意思是“拉新、促活、留存、变现、推荐”。无论是“拉新”“变现”，还是“推荐”，都是企业视角，表示他想要的是有更多的用户进入私域平台里面来，希望这些用户流量可变现（购买成交），并希望他将企业推荐给别人。

很可惜，以上所有并没有真正从用户需求出发来思考，比如我来你们平台是想来买车的，你天天给我讲“镜花水月”或“父亲节、母亲节”，能不能告诉我选择一款什么车合适？运动型多用途汽车（SUV）和轿车区别是什么？有什么试乘、试驾的活动？所以，私域运营应回归以客户为中心。

私域运营的客户价值到底是什么呢？从企业提供的商品与服务出发，从价值管理来设计价值管理体系。这里我们可引用菲利普·科特勒在《营销管理》一书中提出的“顾客让渡价值”。他认为，“顾客让渡价值”（Customer Delivered Value，CDV）是指顾客总价值（Total Customer

Value，TCV）与顾客总成本（Total Customer Cost，TCC ）的差额。顾客总价值是指顾客购买某一产品与服务所期望获得的一组利益，包括产品价值、服务价值、人员价值和形象价值等。顾客总成本是指顾客为购买某一产品所耗费的时间、精神、体力以及所支付的货币资金等，包括货币成本、时间成本、精神成本和体力成本等。顾客让渡价值=顾客总价值–顾客总成本（CDV=TCV–TCC），其中总成本=货币成本+非货币成本。

建立客户价值管理体系，可参考CDV=TCV–TCC公式，以提升客户价值管理：

①提升TCV的价值，要么提高产品价值，即革新技术、增加投入，提升产品质量或丰富产品功能；要么提升服务价值，即提高后续的服务（比如汽车行业的紧急救援服务）；要么提升形象价值，比如打造驰名商标和品牌溢价。以上诸多措施都需要更多技术和资金投入，且价值领先度的边际效益短时间内很难大幅提升，难以短时间形成竞争壁垒或显著的竞争优势。

②降低货币成本，对产品进行降价、促销，如大家耳熟能详的促销热词“巨惠”“优惠”“直降”“怒降”“狂降”……但是通过降价的方式做营销会“自降身份”，降低品牌的影响力，对商品的损伤性很大，企业应慎重选择，择机使用。

③降低非货币成本，比如降低商品或服务过程中的时间成本、精神成本和体力成本。

金无足赤，人无完人，更无全能型人才。我们每个人都生活在自己的舒适区，习惯在自己的圈层和赛道里自诩为专家并充满自信。比如医院工作者，对于各医院治疗特长门清，并有诸多人脉关系可以找到相应的专家，甚至可以找他们加个号；而我们普通人看病时就一脸茫然，四处碰壁，甚至造就了一批贩卖信息或资源的“号贩子”。再比如，购买汽车也是一个家庭的重大决策，购买什么品牌，日系、美系、德系、国产等有什么区别，买车到底应从哪里入手，重点看车的什么方面……一旦不清楚，就只能看外观、空间了，所以又大、又好看是很多新车购买者的必要参考要素。过去台湾某汽车品牌和东风合资出了一个车型，主打的卖点就是大，虽然最终还是败给了市场，但管中窥豹、可见一斑，说明很多人对于如何购车，重点看什么方面，还是有认知洼地。信息获取少会造成买车时的茫然，但是信息获取过多也会给消费者带来困扰。在购买过程中，尤其是试乘、试驾之后，会被各方信息轰炸——身边的朋友说、网络上的评价说、另一家的销售顾问说、你的家人说、你自己心里说 ……我们需要的是一个权威或非常客观的对比。

企业在私域运营过程中，可以通过大数据技术更精准地解读用户的需求，设计相应的内容、活动或服务 ，减少客户获取商品信息的成本；通过即时通信（IM）工具，及时与客户互动沟通，解答客户的疑问。基于“5A”的营销模型示例如下。

基于“5A”的营销模型

场景 ▶	看车 Aware	选车 Appeal	试车 Ask	买车 Act	分享 Advocate
行为 ▶	浏览：信息搜集阶段	询问：建立初步意向阶段	体验/对比：选定心仪的车型	对比：选择更合适的购车方案	分享喜悦

与企业直接接触的用户处于“Appeal”阶段，他们的需求是如何选一款车，车型是什么，新能源还是燃油车，大排量还是小排量，为什么不能买三缸机等。

一方面，企业要给客户建立一个购车标准和注意事项，同时又要结合客户需求和某产品的优势，提升客户对产品的信心。另一方面，要让客户感觉到购买的产品是保值的。虽然平台可以把客户汇聚进来，但往往没有做好客户精细化分层，企业在发促销活动的时候通常是广而告之，甚至出现过给新车车主发送他刚购买两周的车型又降价了，或有“大促、特卖会、总部签售会”，这会让客户感觉“买亏了”。抑或还有客户已经去了4家某产品4S店了，就所提供的优惠幅度心存疑虑，结果来了该产品私域平台，营销人员不是讲“风花雪月”，就是讲“先生/女生，来试乘试驾下吧”“试驾有豪礼”“0元试驾”……客户不胜其扰，极度失望。客户第一次来平台，之前也没看过车，对于什么车、哪款车也没有清晰的概念，更没有拿定主意。企业之后的操作则给客户这样一种感觉：就是因为在人群中多看了你一眼，在平台多来了两回，你就疯狂给我推送大型活动、区域团购会，甚至派电话营销员疯狂夺命连环call，不拉黑你其命不保矣。以上种种，何来用户体验可言，何来客户价值可言，何来以客户为中心可言？与君分享，聊以共勉。

3. 私域运营的本质是营销思维的升级

如同互联网思维是以用户为中心，用户价值塑造为出发点，进行快速产品与服务迭代与升级，私域运营的本质也是以用户为中心，用户价值塑造为出发点来运营。区别在于消费互联网时代，互联网平台往往是综合性服务平台，比如4大门户网站、滴滴、快手等；而私域运营时代这些平台往往是企业自建的平台。不过，“道”未变，本质相通。

从营销学角度而言，私域运营是督促企业真正由以我为主的“4P”营销[1]向“4C”营销的转变，即关注消费者（Consumer）、成本（Cost）、便利（Convenience）和沟通（Communication），关注客户价值满足，关注客户的获得成本，关注客户是否便利，以及及时地、多维度地了解用户。

4. 私域运营的本质是企业数智化转型的缩影

私域运营不仅是企业数智化转型的一个组成部分，也是企业进行数智化转型的缩影。说它是组成部分，是因为私域运营侧重在运营侧，服务对象主要是用户，对于企业中后台的“研发、生产、供应链”涉及不多，并不是产业互联网的全链路。但它为什么又是一个企业数智化转型的缩影呢？所谓“麻雀虽小、五脏俱全”，它涉及的能力体系面广、事务全，不仅有运营，还有大数据技术和软件平台功能，同时还要考虑广告流量引入和各端资源的整合。

这里要重点强调企业本身管理理念的变革与转型。做私域运营，无论是企业自己组建私域运营团队，还是委托第三方代理公司来做数字化运营，企业管理者都应该有以下的共识，以便少走弯路，提升效率。

（1）专业的事，让专业的人来做。一定要找做成过此业务，有着成功经验的人或管理团队来主导。

---

[1] “4P”营销包括 4 个基本策略，即产品 (Product)、价格 (Price)、推广 (Promotion)、渠道（Place)。

（2）尊重大厂，但不迷信大厂。很多企业都吃过类似的亏，忽略现实的需求，凡事都要用“宰牛刀”，结果既贵又不好。

（3）信任团队与伙伴，信任但不能放任不管。很多伙伴有着耀眼的光环，还有绚丽的成功，结果几个月过去了，什么也没做出来。是何故？对于任何一个伙伴与团队，企业一定要有“共建意识”。一方提供行业的特点和属性，同时搞定内部资源的整合与统合；另一方也要敬畏行业特殊性，多听多学，结合提供过来的原材料进行精细化加工，做出好产品与服务。

（4）切忌大包大揽、绝不授权、外行指挥内行。最可怕是这条，主管者大包大揽，既不进行专业方面的授权，又作为外行人指挥内行人。一会儿方向向东，一会儿向西，一会儿向南，一会儿又向北，最后再来几个循环；或者明知方向与做法有误，依然盲目坚持。业务创新的初期，可以尝试多种业务模式和方向，但必须遵守业务运营的规律。做业务时，企业应做好该做的，放弃不擅长的，以结果为导向，敏捷迭代。主管者专业不深不可怕，但管理不行，尤其是项目管理不行，对于企业来说是绝对的浪费，不仅仅是浪费项目的外包费用或执行团队工资，更是浪费企业巨大的市场费用、大量优质的流量资源，甚至是浪费企业数智化转型的良机。

（5）企业内部管理变革。数智化转型，不仅需要数智化的思维，更要匹配数智化的组织和数智化的流程。举个例子，有朋友服务一企业客户，其下有总经理、部门副总、部门总监、部门经理、部门主管、业务组长6个管理层级。假如这是一次常规月度活动方案，只需要审批到部门总监级，即要经过4个管理者层级，每个管理层都需要汇报通过。平均一个层级要修改4次（需要4次修改，4次汇报）方可通过，进入下一层级。一起看看这个数学题。第一，项目审核通过至少需要汇报16次，每次修改需要2天，16次×2天=32天，也就是一个月过去了。这还不包括活动策划、图片设计、H5的开发等，前期至少还需要30天。那么这个活动需要提前2个月汇报，但问题2个月前，资源政策又确定不了，大家于是又在“改，改，改”，版本从V1更新到V32。大量精力都耗在此类无效沟通中，浪费彼此的宝贵时间与生命，却没有好的价值创造。第二，我们来算一算汇报的一次通过率，每层级4次，一共4个层级，那么一次通过率是$(1/4)^4 \approx 0.39\%$。这个通过率是什么水平呢？清华北大在北京或上海的平均录取率大于0.5%。以双色球彩票票种为例，六等奖的中奖概率约为1/16，即6.26%。为此，数智化转型，企业务必成立敏捷的专项组织，适时、适当地改变决策流程，针对不同类型事宜设计不同的决策流程。敏捷决策是管理层有效提高数字化效率的必要改革。

（6）需要一个敏捷PM小组统领内部资源。有些企业，运营是一个部门，大数据是一个部门，软件开发是一个部门，甚至是一个独立的法人公司，大家各自站在自己的立场上来做好自己的本职工作，看起来“恪尽职守”，严控流程。如果一个部门想要使用其他部门的数据，需要提起申请，逐级审批；如果想要开发一个功能，也需要提申请、看需求、看排期，然后等待。反正各有各的节奏，各有各的打法。如此互不配合，不是大家各自的错误，而是组织管理出了问题。“部门墙，沟通障”，是我们转型必须要打破的。转型不仅仅是技术管理，更是组织转型、管理思维转型。

以上介绍了私域运营三大方面：一是什么是私域流量，它有哪些特征。二是如何构建私域矩阵。一定要分清相对私域与绝对私域，在企业不同的发展时期选择布局相应的矩阵模式，并配置各个子平台的核心功能。三是私域运营本质，最终一定要回归到真正地以客户为中心，以客户价值管理为驱动，实现管理思维转型与升级、组织管理的转型与升级、流程管理的转型与升级。

“转型一小步，企业一大步；企业一小步，行业一大步；行业一小步，国家一大步”。21世纪是我国崛起的世纪，国家强大需要各方面力量的强大，而企业是经济实力的核心支撑。我们的变革，“小则是小我，中则是行业，大则是家国天下”。

小结

私域运营要从认知“私域运营的本质”开始。第一要认识到私域运营的重要性和必要性，愿意持续地投入资源和精力来开展私域运营业务。第二是了解流量的分类和常见的“公域及私域”流量平台；并掌握各平台之间的关系。并能把本企业营销特性和各流量平台的特征相结合，设计出适合本企业的私域运营平台矩阵，分配未来在各不同的平台投入运营资源的比重。第三是根据本企业不同的私域运营目标，设计不同的私域运营的内容组成。比如有的企业私域运营的目标是偏向“用户增长和客户的黏性”；有的企业偏向“销售增长和高频的复购”。有了清晰的私域运营目标后，还需要设计一套精细化的私域运营指标体系，来评测私域运营的效果和诊断运营过程的问题点，不断改善提升。最后，希望所有的私域运营者都回归初心、认清本质：私域运营的本质是用户运营，其核心点是“以用户为中心的价值创造”。“需求”与“价值”是私域运营者必须一直仰望的运营“北极星”。

第二章 私域营销制胜的秘诀

一、商业的本质

1. 商业的本质就是价值交换

商业就是企业和客户之间完成商品或服务的价值交换。商家得到财务收入，购买者得到产品或服务。交易需要地点，从河井之滨到商超，从线下直接交易到线上电商交易，只不过是“人货场”的“场”——交易的场所发生了改变。

2. 营销是为了提升交换效率

营销是企业为了提升交换效率而展开的一系列市场经营活动和销售行为。在如今信息爆炸的互联网时代，营销更是一个企业最核心的竞争能力之一。在商品匮乏的时代，企业的核心竞争力是产品生产能力，而在商品丰富的时代，企业的核心竞争力聚焦在以产品为基础之上的营销能力。营销工作的重要性随着市场竞争的加剧而水涨船高。从信息匮乏到信息爆炸，我们需要的营销内涵与外延早已不可同日而语了，所以需要变革创新。

3. 营销的第一要义是洞察需求

营销的核心还是用户心理学的研究。辨识目标客户群体矩阵，分析目标客户群常出现的平台和经常接触的媒介，洞察他们的需求层次，了解他们接收信息的方式，探寻他们偏好的信息接收和互动形式，总结他们活动的时间段、频次，研究他们的需求和购买心理，从而制定整套的营销计划和运营施策，提升企业价值交换的转化效率。

二、需求的底层是欲望

1. 需求是欲望

市场的三要素是人口、购买力和购买欲望。在营销中对于需求的理解是指人们有能力购买并且愿意购买某个具体商品或服务的欲望。

2. 欲望是什么

欲望（Desire），是指由所有生物本性驱动而产生的想要达成某种目的的渴望或追求。欲望是世界上所有动物生存和发展的最原始也最根本的一种需求本能。欲望本身没有好坏之分，有了社会道德标准与共同行为规范之后，就有了善恶之分、好坏之别。

从本性的角度来说，欲望是生理到心理的一种渴望与满足。一切动物最基本的欲望就是生存与存在，然后再追求舒服、舒适，而后希望有功名与成就等，这就是欲望趋势。

3. 欲望解读

欲望会驱使人们产生诸多行为，比如更加勤奋劳动，更加拼搏进取，当然也会走向歪门邪道。在营销中如何基于洞察的欲望，提升营销交换的效率呢？这需要我们回归影响欲望的关键要素，即洞察人性与人心。解读欲望，实则是解读人性与人心。自古至今，社会进步水平、科技发达程度，以及文明程度越来越高，但人性的本质从没有变过，只是欲望需求与实现的层级、形式和体验不同而已。

三、不同需求的解读

需求的底层是欲望。欲望又分为不同的层级，可以通过一定的模型或原理来度量。在不同的文化体系里，需求的解读与展示也不同。

（一）马斯洛需求层次理论

①不同时期和不同阶段的需求是不同的。少儿时期、青年时期、成年时期需求不一样；初入社会的时候、事业上升期的时候、事业有成的时候需求亦不同。

②需求的层次是叠加的。只有满足了低层次的需求，才会有高层次的

需求。因此低层次需求是高层次需求的必要而非充分条件。

③需求的不同层次是会变化的。不同时期、不同身份与社会地位，所映射的需求也不同。比如少儿时期的需求是生理需求和安全需求，事业有成的时候追求的是尊重和自我实现，人到暮年垂垂老矣时追求的又是生理需求——活着、健康。

④需求层次在我们现实生活中的写照。我们从幼儿到青少年，再到大学毕业走入社会，然后在各个行业里做着自己的工作，成就自己的梦想、追逐自己的目标。然而为什么有那么多人感到孤独无助，有那么多人感到迷茫与困惑，还有那么多人感到人生无趣或在浪费生命，希望自己活得更有价值？

5个需求层次

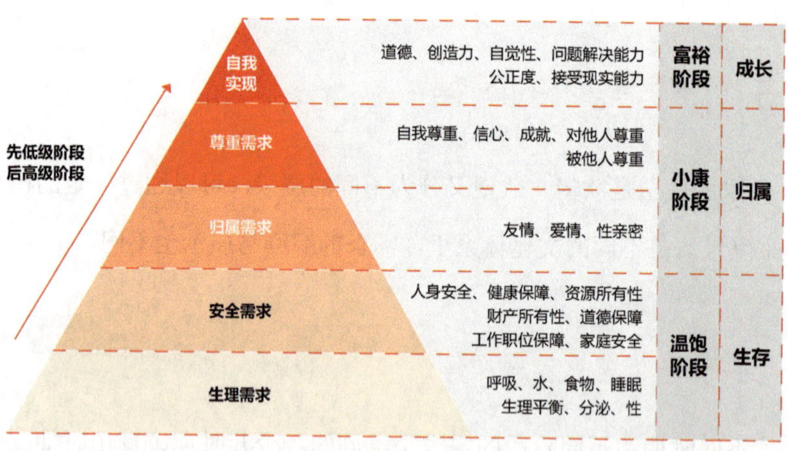

很多人在满足了吃饱、穿暖的生理需求后，又经过奋斗在城市里买车买房，解决了居无定所的问题。在有钱有闲的时候，他们可能会去结交

更多的朋友一起吃吃喝喝、玩玩乐乐，但是这种快乐时间长了也会归于平淡，当激情耗尽时，又会陷入茫然。这时人们开始走向两个方向的分流，要么持续追求下三个层次（生理需求、安全需求和社会需求）的需求满足；要么开始思考、追求尊重和自我价值实现。人生前进的道路总有诸多困厄，有些人面对困厄的现实没有好的方法突破，实现人生价值；也有很多人想要实现的目标太远大，可自己又面临当下的能力不足等情况，导致产生了诸多迷茫。总之，“看不清未来”，迷茫则生；“求不能得”，痛苦则生。从马斯洛的视角来看，人这一生就是在追求不同层次需求的满足，根据能力的差异，从事工作、事业的不同，以及达成成就的不同，产生不同的需求层次。

（二）中国传统文化中的需求

古人常说，我们每个人食五谷杂粮而生，皆有“七情六欲”。 其中“六欲”最早出现在《吕氏春秋·贵生》中：“所谓全生者，六欲皆得其宜也。”后来，东汉经学家高诱在《吕氏春秋注》中，对“六欲”进行了解释：“六欲，生、死、耳、目、口、鼻也。”可以理解为，人要生存，避免死亡，这是最基本的动物本能。然后开始追求活得有滋有味，要满足生理需求，要品尝美味。更高层级的需要听悦耳的声音，需要看美好的景物。后来人们把“六欲”泛指人的一切欲望。“七情”最早出现在《黄帝内经》中：“喜、怒、忧、思、悲、恐、惊”，并认为这七种情绪会影响人的身体与心理健康。

六欲是人感知“世界”的方式，通过“耳目口鼻”去感受这个世界并得到回应与回馈。这种回应和回馈映射到人的生理和精神层面，形成不同的“感觉或状态”，有开心的，有悲伤的，有烦恼的，有害怕的……这些“感觉或状态”最终总括为“七情”。那些求不得或躲不开的“七情”统称为“苦”，那些持续得到的满足称为“乐”。

穷极一生，人们都在追求“极乐”和远离疾苦。消费者在购买体验中，也有“苦乐”之分，这就是我们要分析的地方。

（三）消费心理学解读

消费心理学是研究人们在购买商品或服务的过程中心理的变化规律和影响其变化的因素的学科。人们在购买商品或服务的过程中可选择的有很多，如选择什么品牌、什么价位、什么功能、什么特色、什么时候购买、在哪个渠道购买、找哪位销售人员购买等。不同选择的背后都有一系列的决策“模型”。这个模型和人们的购买能力、受教育水平、社会地位和思考模式等因素相关，这些都属于客户 “先天性的因子”（在我们与客户营销互动的过程中，这些因子很难改变）。营销影响的是 “客户输入信息视角及输入的内容”。

对多年来研究客户信息输入视角和内容的方法进行总结，可分为以下两大方面的因素：第一是理性因子，消费者从理性的视角来考虑；第二是感性因子，消费者从感性的视角来考虑。

1. 理性因子的驱动

理性因子是消费者从理性的视角考虑的因素，一般是产品的功用与服务水平，通常包括“科技性”“安全性”“可靠性”“适用性”“经济性”“便捷性”“售后服务水平”。

①科技性。当下的消费者，不遗余力地追求科技创新，不论是iPhone的高频更新换代，还是汽车的智能化不断迭代，大家都是在追求科技给生活带来的新体验与新感受。“科技感”是人们消费追求的重要因素。

②安全性。这指的是产品本身的安全，如无公害的绿色有机大米、无甲醛的家装涂料、由高强度钢材打造的汽车车身和实用的主动安全配置等。安全性是我们使用产品或服务的品质保障。

③可靠性。这指的是产品的质量可靠或服务标准可靠，追求的是质量指标。例如，空调产品5年质保期、汽车50万公里无大修等都体现的是产品的稳定性和可靠性。

④适用性。这指的是产品与服务确实能满足消费者当下的需求。产品与服务有适合消费者的基本功能效用，能解决消费者待定场景的痛点。同时，效用的匹配度合宜，偏差不太多。

⑤经济性。这指的是产品与服务的费用投入和产品价值输出比在可接受的范围内。经济因子不是一定追求性价比最高，而是将价值和成本之间的关系控制在可接受的范围。比如年收入100万元的白领愿意花5万元买个包，但如果是5万元买双鞋，就不够经济了。

⑥便捷性。这指的是产品与服务的获取渠道和方式便捷。用户的购买成本包括精力成本、时间成本和体力成本等。

⑦售后服务水平。这指的是任何一个产品与服务获取之后的售后服务保障，如使用指导、上门服务等。例如汽车行业事故代步车，免费救

援等。

综上所述，所有用户“看得见、摸得着、感受得到”的都可以归纳为理性因子，更多的因子大家可按照以上标准进行总结。

2. 感性因子的驱动

人们在消费过程中影响购买行为的感性因子有“炫耀心理”“攀比心理”“从众心理”“权威心理”“新奇特美异”“酷玩乐趣黑”等。

①炫耀心理。我们的社会自古以来都是“不患寡而患不均”，因此，“人无我有，人有我优”就会产生优越感。稀缺性的满足，能带给消费者的优越感，满足人的“炫耀心理”。

②攀比心理。攀比心理是炫耀心理的补充。人生平等，别人有的我应该也有，别人能做的事情我通过努力也能做到。这也凸显了人们对于美好的追求和渴望，也是人性欲望的一部分。尤其是诸多奢侈品，营销时利用的就是此类心理。

③从众心理。类似于“羊群效应”，大家会倾向于大多数人的选择，如大家都会选择去人多的饭店吃饭、追寻流行产品、推崇网红明星等。做产品营销时，应做好产品的“势”，并把这种“势”植入到客户的选择中去。

④权威心理。也叫权威暗示效应，是指一个高地位、高成就的人所说的话，很容易受到其他人的重视和跟随。所以古人云“人微言轻、人贵语重”。例如，养生专家有很多粉丝，股票选购会有很多专家推荐等都是如此。

⑤“新奇特美异”。人们对于商品或服务追求是“新鲜的、奇妙的、

特色的、好看的、异型的”。随着生活水平的提升，人们对于个性化的追求越来越多，例如现在的颜值经济就是如此。

⑥“酷玩乐趣黑”。人们对于商品或服务追求是“很酷、好玩、开心、有趣、黑科技”等特色。这是人们对于个性化追求的另一个极端，即如何活出别样的精彩，丰富人生体验和感知。

综上所述，我们可把用户“内心的心理需求，变化和感知”的因素都归纳为感性因子，更多的因子大家可按照以上标准总结。

（四）营销心理学之“效应”

1. 什么是效应

心理学研究发现，人们在特定的环境中，在不同场景和要素的刺激下会产生特定的反应，这个反应是有规律可循的。长期以来，人们把这个反应总结为一种现象，我们把这种现象叫作“效应”。效应不是科学定理，也不是严格的逻辑定律，而是一种大概率的事件，如“蝴蝶效应”“孕妇效应”“破窗效应”等。

2. 效应的应用

细细分析各个“效应”，可简单理解为“受刺激后的反应”。比如互惠效应，就是一种感情倾向；登门槛效应，就是在一种特定场景下，步步为进，潜移默化中达成目的与目标。

大家在学习效应的时候，其实是把这些场景细分。我们掌握了这些效应，相当于学会了数学公式或原理，如“两点之间，直线最短”“过两点有且只有一条直线”。也如同有人告诉我们一个三角形的底和高，我们马上可算出它的面积，是因为有公式：三角形的面积＝底×高÷2。效应的作用与公式类似，它们都可以帮忙我们在特定场景下，指导我们的行为，以便更高效地工作。

为了更好地给大家示例，这里搜集、整理了和营销相关性较大的一些效应。

（1）互惠效应。

互惠效应也叫“互惠原理”，是指人们在受到其他人帮助后倾向于用一个对他人有利的行为去回报他们。古人所说的“投我以桃、报之以李”，以及“滴水之恩当涌泉相报”都是互惠效应。我们在客户服务中，对客户进行关怀或为客户提供“惊喜度”行动，实则是“投桃”，客户购买或复购我们产品则为“报李”。

（2）零分效应。

零分效应也叫“0分法则”，是由日本的著名企业家松下幸之助提出的，即：“对于产品质量来说，不是100分，就是0分”。还可解释为客户服务中“100-1≠99”，而是“100-1=0”。人们对于产品质量或商家的服务，平时做到99分，一旦有1分没做好，也会让前99分前功尽弃，1%的缺憾等于100%的缺憾。

我们在客户服务一定要遵循既定的销售流程与方法，服务标准和服务质量不能降低或随意更改。否则，即使整体都做得不错，有一项没做好，就可能导致整体不满意。尤其是购买完成之后的关怀，大家往往容易忽视。

（3）第一印象效应。

第一印象效应是指人们往往会根据最初接收到的信息形成评断和评价，并影响后期的行为评价。例如，新官上任三把火，还有电话营销中的开场白、酒店门口的迎宾，都属于做好最开始的前端工作，以期留下好的印象和评价。

心理学家认为，第一印象主要源自“言与行”两方面，通常指的是“听其言、观其行”。“听其言”指的是听人说话的言语内容、语气和说话时的情绪；“观其行”指的是看人的外部特征和行为举止。外部特征包括年龄、相貌、衣着、整洁程度、精神面貌等。行为举止指的是是否和其身份、职业相称，是否彬彬有礼、温文尔雅等。

作为营销人员，在接待客户的前30秒、产品介绍的前3分钟，应利用好此效应，以提高客户对其第一印象。因此，营销人员不仅要着职业装，让客户看到他的时候形成职业、专业的印象，还要多学习产品知识、练习营销话术等，提升营销的效率。

（4）诱饵效应。

诱饵效应是指人们对于某项选择犹豫不决时，因为有了新选项的加入，对各选项权衡利弊之后往往会选择利益最大化的选项。而这个选项大多数情况下是商家所期望的。未被选择的选项叫作“营销诱饵”，被选中的叫作“目标选项”。诱饵效应本质上利用的还是人们趋利避害的心理。

举个例子，同样是一台海格牌电视机，32英寸的2000元、40英寸的3000元、65英寸的4500元。通过分析，我们会发现32英寸到40英寸，增加了8英寸，价格增加了1000元；40英寸到65英寸，增加了25英寸，增加了1500元。很明显方案3最划算，性价比最高。其中“32英寸”和“40英寸”就是“营销诱饵”，而“65英寸”就是“目标选项”。产品的利润率肯定是这样排序的：65英寸＞40英寸＞32英寸。因此，企业利用此效应之前，必先核算清楚产品的利润率和自己主推的目标产品，并设定好相关的报价及促销方案。

（5）两难效应。

两难效应指的是人们对于只有两个相互排斥（或不可兼得）的选项做选择的时候，往往很难做出决定。人们通常的心态就既想要A又想要B，放弃哪一个都觉得自己吃亏了，因此人们很可能迟迟做不出决定。这就是“两难选择的效应”，也叫“两难效应”。

知晓此效应，企业在营销设计时的大忌就是只设计出两个选项，让客户选择。所以凡促销要给出3个方案，让客户在其中做优化对比，选择一个自己利益最大化的选项。本效应常和“诱饵效应”一起使用。

（6）损失规避效应。

损失规避效应指的是同时面对收益和损失之时，人们往往会选择规避损失。心理学研究发现，损失带来的负效用是收益带来的正效用的2~2.5倍。可见，人们对于失去的恐惧远大于得到的喜悦。

在营销中经常用到“三限”原理，即“限定时间、限定数量、限定名额”。活动的福利，仅限于特定的时间段才有；而且商品的数量是有限的，先到先得；参与人的名额也有限制，错过就得再等半年。这利用的就是人们的“损失规避”心理。同样，大家可以理解非常流行的“券”营销，商家会给大家一些“代金券”，可直接抵充现金使用，但是此券是有使用期限的，过了期限就不能使用了。很多人为了规避损失，往往会选择去消费这些券，商家也因此获得了一次与客户连接的机会。

（7）孕妇效应。

孕妇效应通常的解释是在孕妇眼里可随时看到其他孕妇。心理学解释是即使是偶然现象或小众的现象，随着我们刻意的关注也会变成普遍的现象。其本质是人们注意力的分配和加强。例如，当你买了一个奢侈品包，你总会遇到其他人背这种包且能一眼认出；如果你很讨厌某种人，生活中总会遇到那种人。

在营销中，当客户对产品的选择存在质疑时，可利用此效应。例如，可以对客户说：“先生，我们这款车非常受欢迎，尤其是事业有成且充满个性的成功人士。先生您不妨稍稍关注下，您生活中一定会见到这样的人。”他回去后，即使不买，也会在心中埋下一颗“关注”的种子，会发现果然有我们陈述的现象。

（8）凡勃仑效应。

凡勃仑效应是指人们对于商品价格的选择是随着对比的增加逐渐增高的。这个现象最早是由美国经济学家凡勃仑发现的，因此人们把这个现象叫作“凡勃仑效应”。凡勃仑指出，在一定范围内，商品的价格越高商品就越畅销。同样一双运动鞋，国产品牌一百多元即可买到，而且质量还很不错，但很多人倾向于选择一个好几百元的进口品牌。因为人们选择商品时除了要满足产品功能的需求之外，还想满足心理的需求。消费者往往通过商品高昂的价格、优质的品质、良好的口碑等彰显自己的身份、地位和品位。

在营销中，凡勃仑效应有两个应用方向：第一个就是满足客户的炫耀心理，凸显其个人的与众不同。例如同样一台笔记本电脑，可标价为9999元和10001元，前者只能叫作几千的电脑，后者可叫作一万多的电脑。第二个方向，销售人员在接待客户进行产品介绍的时候，要从中底层的产品开始介绍，即先低于客户的购买预算开始介绍，最终客户的选择大多数都是高于预算的。给客户这么一个逐层上升的心理过程，就是满足客户购买心理的变化历程，符合人性。相反如果一开始给客户的报价就高于他的预算，然后再上升，逐渐超过预算很多，客户难以支付，最终客户很可能放弃本品牌，认为这个品牌不适合自己。

（9）超限效应。

超限效应是指刺激过多、过强或作用时间过久，从而引起极不耐烦或逆反的心理现象。

美国著名作家马克·吐温曾讲过一个故事，说到他有一次在教堂听牧师的慈善募捐演讲。牧师深情的开场白和声情并茂的演讲深深打动了马克·吐温，他当即决定大发善心。但10分钟过去了，牧师还在沉浸式反复煽情，马克·吐温心有不快，决定少捐点。又过去了10分钟，牧师的煽情还没结束，马克·吐温决定一分钱不捐。不知过了多久，牧师的长篇大论终于结束了，准备开始募捐时，压抑已久的马克·吐温非但一分钱未捐，甚至还偷偷顺走了2美元善款以表达不满。这个故事是作者幽默式的表达，实则讽刺该牧师的演讲不当，本质是“超限效应”。适度在中国文化里也很常见，古人常说“过犹不及”，中庸之道有云“不偏之谓中，不易之谓庸”。

在营销中，我们对产品不宜过度包装，绚丽夺目往往会喧宾夺主，掩盖了产品本身的核心价值；做营销时不宜过度营销，太多的营销噱头不仅让人们选择困难，过度推销更是让人反感。在跟进客户时，不宜过于频繁而产生压迫感；在产品介绍时，也不宜喋喋不休、咄咄逼人。

（10）贴标签效应。

贴标签效应其实是一种心理暗示，指多频次地给沟通的对象贴上相应的标签，长期的潜移默化下被贴标签的对象往往会向所贴标签的特征和特性发展。这里有个特别著名的故事，说的是第二次世界大战时期美国补充兵源的事。由于兵力缺少而监狱里又有一批当龄的囚犯，如何把他们训练为守纪律、勇敢的士兵是最大的课题。美国军方派遣了几位心理学家过去协助。他们采取的方法是每周让这些囚犯给他们最亲近的人写信，信的内容是统一拟定好的，即自己如何接受改造、积极表现、获取减刑机会，如果有机会上战场，会如何英勇杀敌、争取立功。三个月后，他们奔赴了战场，真如信中所言，服从指挥、积极表现、奋勇杀敌。

营销中，在客户销售跟进与保有客户转介绍时，均可利用此效应，根据产品特性拟定标签。如果是技术路线的话，可不断地给客户贴上“技术范”的标签，持续跟进的客户很可能会把“技术”这个重要因素考虑到购买决策中来。在保有客户营销中，可给客户贴上“热心客户”“品牌正言大使”“金牌推荐官”等标签，促使保有客户给我们更多的正向评价或推荐更多的客户。

（11）贝勃规律效应。

贝勃规律效应是一种社会心理学效应，指的是人们经历过第一次大的刺激之后，对于接下来的第二次、第三次刺激的反应会变得不敏感。例如经常遭遇地震的人，对于中小级别的地震会习以为常。

该规律源自一个实验。这个实验是让人举不同重量的砝码，在举300克砝码的时候加码，人们会在加到306克的时候才会感到差别；而举600克的砝码，会在612克的时候才会感觉到有差别。后来总结出一个规律：若是要分辨出刺激间的差别，与刺激总量有关。刺激总量（也叫刺激的基数）越大，所需要的刺激差额也越大。人们把这个规律叫作“贝勃规律”。这也就解释了一份报纸从1元涨到1.5元人们的反应就很大；而一台电脑从5000元涨到5700元人们感觉涨幅并不大。

在房地产营销中，如果所售楼盘的均价是500万元，可先给客户一个高的刺激：“我们楼盘中有1000万元的楼王户型”，代表楼盘的高端，也给客户购买心理来个大刺激。然后话锋一转：“不过具体户型还是得看咱们具体住房需求和目前的阶段，选择匹配的户型，有以下几个价位的户型可供参考（诱饵效应）”。在客户用车过程中发生了事故，去4S店修车，客户询问修理时间的时候，也可利用此效应，先说一个长时间。客户受到刺激并产生质疑后，再给客户来个合理的时间范围。

以上总结的是在营销工作中会经常碰到的11个效应。效应是场景化的应用，熟练地进行解读或应用，可以更好地洞察用户的消费心理，匹配合宜的运营方案和营销话术，提升运营效率。

（五）需求是营销驱动和从动

（1）所有需求，都是源自欲望。欲望是生物体的本能，无所谓好与坏，不能全部扼杀，也不能放任蔓延，而是如何合理管理。

（2）需求源自欲望，分为需要与需求。前者更偏重生存方面，后者更偏重生活得更好。很多营销心理学研究的是社会学范畴，但缺少对人性中其他隐性需求的体系化探讨，比方说人性中既有“趋利避害”“好逸恶劳”“攀比虚荣”“贪得无厌”“损人利己”“好为人师”的一面，又有“乐善好施”“舍生取义”“大公无私”的一面。所以我们需要从不同视角来解读人性与需求。我们尝试从人的“感官感受+心理感觉”两个方面来思考。“感官感受”可理解为“眼耳鼻舌身”的真实感受体验，如手被火烤了会感觉到烫，看到了鲜花的五彩缤纷，闻到了花香，尝到了酸甜苦辣；“心理感受”可理解为以上的“感官感受”给人带来的感觉，如“舒适开心”“愉悦美好”“难受痛苦”等。根据外界长期的反馈与刺激，人们会把这些 “反馈和刺激”总结与归纳，并做分类。“美好的、愉悦的”等好的感受，人们渴望去持续获得和获取更多，而“痛苦的、难受的”等不美好的感受，人们会刻意去避免或减少。这就是人作为动物属性的本质——趋利避害。人们的需求是变化，是根据当时目标对象所处的内外部要素集合和他们自身现状情况综合考量后，做出对自我“趋利避害”的最优选择。心理学家通过专门试验与研究发现，人们所处特定环境要素下，可对影响决策的“核心因素”加以提炼总结，形成一定的“心理学现象”，前文讨论的“各种效应”就是这些心理学现象的表现。

（3）需求是可分类别、分层级的。不同背景的人或同一个人处于不同时期、不同阶段、不同状态，需求是不一样的，所以营销中也要关注目标群体的背景及所处阶段，从而洞察客户的“需求冰山”。

（4）需求是可以加以影响的。说“驾驭”有悖于人性，但还是可以通过营销手段加以“影响”。所以研究营销心理学，本质就是以人中心，以客户需求为出发点，研究如何更好洞察客户需求，满足客户需求，建立良好的、可持续的客户关系。

四、需求洞察与营销设计

需求是在特定的时间与空间下产生的，时空的交互对应点是场景。场景凸显具体的需求。营销的出发点，是既要考虑到营销对象的状态与特性，匹配适当的营销策略；又要考虑到营销对象在不同的场景下产生的更加具体和更加个性化的需求，设计匹配的营销方案。

（一）场景的理解

1. 什么是场景

场景有很多种理解，通常指在一定的时间、空间内发生的一定的任务行动或因人物关系交换而产生的一系列的画面集。更简便地说，是指在一个单独的地点“拍摄”的一组连续的“镜头”。

2. 场景主要要素

场景的组成要素为人物、时间、地点、事件和交互。既定的对象在特定的空间，按照时间轴的顺序，发生了一些事件，随着事件发展产生更多的交互，最后达到了某个状态或结局。

3. 对应特定需求

在上述场景下发生了事件，事件交互发生过程，必然会产生特定需求，分析下来可能是“没有被满足的痛苦”，可能是“带来及时满足的愉悦”，也可能是“理想化的画面”。对应的是人需求的痛点、爽点和痒点。

（二）需求的“应用”

1. 如何“应用”需要

需求是一种为了得到某种满足而追求的欲望。可以从“渴望得到”“害怕失去”“避免遭受”等多个难度去分析，并针对性地开展营销策略。

2. 举例

（1）A生病了要去看医生，不能得到有效治疗就会痛苦下去，甚至会死亡。

（2）B在操场上打了一上午篮球，大汗淋漓，选择买一罐冰镇可乐。

（3）C和闺蜜去逛街，搜到一家网红打卡店，决定进去看看，并拍照发了朋友圈。

通过具体的场景案例，我们就可以轻松地判断出：A是痛点，B是爽点，C是痒点。

3. 解析

（1）痛点来源于恐惧，匹配的是刚性解决方案。A不去医院的后果，几乎难以承担。

（2）爽点来源于即时满足，匹配的是当下的痛快感受。B可以选择喝更健康的温水，但带来的感受远不如一杯冰可乐。

（3）痒点来源于理想化设定，匹配的是自我彰显。C其实对这家店本身没有需求，她的需求来自网红效应，是对美好时刻的记录。

4. 思考

痛点源自恐惧，恐惧的影响力远大于得到的满足，因此痛点满足是营销的前提。当下营销模式精彩纷呈、客户服务多姿多彩，在激烈市场竞争中仅满足客户痛点是不够的，更得考虑客户的爽点和痒点，并结合企业自身基因和竞争优势，设计客户需求三角满足的步骤、方式和程度，从而建立企业的竞争优势。

（三）需求与营销关系

（1）需求洞察，是从客户研究的角度出发，研究客户的属性、状态、特征以及对应需求雷达，洞察客户特性与需求，并确定客户对需求的排序。不是所有的需求都可以转化为消费行为，甚至也不是最痛的需求就一定能转化为消费行为。需求的追求与满足需要并非理性消费行为，更多的时候是非理性消费。这个非理性消费就是在不同的场景中，限时、限地、限物、限情景下的“应激行为”。

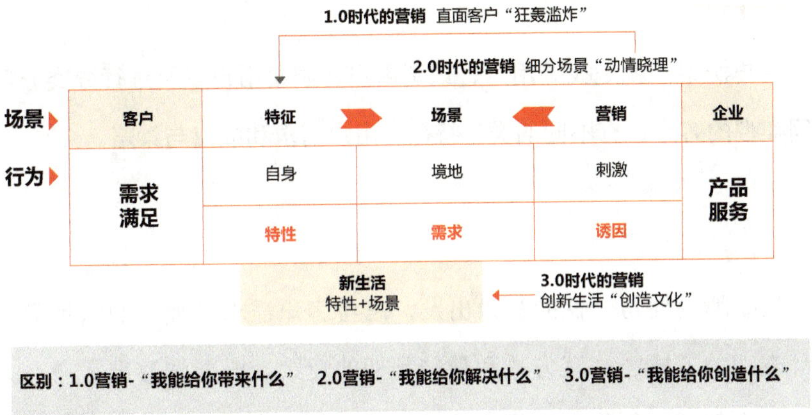

（2）场景营销，由来已久。古代战争中的战鼓与号角、沃尔玛超市不同的背景音乐、商超节点大促、汽车厂商打造的购车节等，无不是在打造一个场景，在场景中“促进客户消费”，促进客户“非理性的应激行为”。

（3）营销诱因。营销的设计是在特定场景里融合客户的需求和产品服务，放大客户的需求，并将客户的需求满足感映射出来，促进客户做出消费行为。营销的设计过程包括客户需求的洞见、客户痛点的挖掘、营销创意的设计、营销方案的选择、营销效果的预估算。营销诱因的设计核心聚焦在洞察到客户的需求之后要解决“凭什么”“为什么”让客户做出购买行为等方面。数字化技术可以更高效地帮助我们洞察客户的需求和痛点，并监测营销过程中的交互行为，并为营销效果分析与改善提供支撑，迭代营销诱因的设计，助力营销提质增效。

（四）营销创意设计

1. 用户视角

用户洞察，就是找寻用户、识别用户、洞察用户以及进行分类分群。不同类型的客户，有不同的类型特征、用户需求和痛点与策略。

2. 创意视角

从品牌调性与个性的视角出发，思考客户需求与痛点的满足形式、修辞表达的方式、交互方式和最终预期的反馈。既要洞察准客户，又要进行艺术创作。创作表达最终的目标是引起共鸣，产生营销行为、品牌拥护。

3. 案例解析

1）黑芝麻糊的经典广告

“黑芝麻糊哎～～小时候，听到芝麻糊的叫喊声，我就再也坐不住了。”南方黑芝麻糊广告中。1991年的这条广告，在我看来是最经典的广告之一。小时候，听到电视里传来“黑芝麻糊哎～～”的叫喊声，我的口水就再也忍不住了，仿佛能闻到一股浓香，感受到一缕温暖。

解析：

产品是“黑芝麻糊”，功效是“黑芝麻中的维生素E非常丰富，可延缓衰老；润五脏、强筋骨、益气力；可强壮身体、益寿延年、滋补肝肾、润养脾肺”。目标客户群是儿童，购买决策者是父母，广宣渠道是当时的新兴媒体——电视。

创意思考：

①可以从产品功能出发，“保健功能强壮身体、润养脾肺”，说服对象是父母决策者。②定义为儿童零食，味道好、口感佳、我们都爱喝，说服的对象是儿童。痛点的思考，一个是儿童身体健康与成长，一个是儿童的口感满足与利益需求。③本广告创意，从产品感受出发，“小时候，听到芝麻糊的叫喊声，我就再也坐不住了”来凸显利益与冲动满足的需求。“坐不住了”，非常有画面感，有产品购买冲动的视觉冲击。通过一个孩子来表现产品给人们带来的满足感。最画龙点睛之处是“卖黑芝麻糊阿姨的爱”，俯下身子多给孩子盛一勺，爱与温馨的感觉充满了整屏，

本广告的产品风格立即转移到了情感与爱。同时画面的设计是仿古风格，通过仿古的建筑和服饰等风格设计，给人一种深厚品牌积淀和历史文化感。

2）脑白金——“今年过节不收礼，收礼只收脑白金”

“今年过节不收礼，收礼只收脑白金”就这一句广告词，响彻了大江南北。脑白金作为保健品持续畅销了二十多年，自1997年创立到2014年连续16年荣获保健品单品销量第一。

解析：

产品是脑白金。功效是脑白金属于一种营养食品，功效比较广泛。里面的纤维比较丰富，可以有效地促进肠道蠕动；里面的维生素B还可以营养神经；其中的抗氧化剂主要成分是维生素E和维生素C，不但可以美白皮肤，还可以延缓机体衰老、消除颜面部位的色素沉着。目标客户群是中老年人，购买决策者是送礼品之人（往往是年轻的后辈）。

创意思考：

①主打产品功能，营养食品、改善睡眠，中老年人的健康生活好伙伴。②主打情感，百善孝为先，一份沉甸甸的爱，一份尊老的孝，一份晚辈对长辈的祝福，一份来自亲人之间的关爱等。这两个市场定位，必然有诸多类似的竞品，红海中的红海。比如送人参、鹿茸等山珍海味，以及电热毯、按摩仪也是保健关爱，为什么要选择脑白金呢？给予一个大家都乐于接受的理由，做到收礼者开心、送礼者舒心的。需要解决一个问题，即让大家的认知在一个层次上。③最终脑白金选择的定位是“送礼”的礼品，通过持续且单一的黄金15秒轰炸，让所有人形成一个共同的认知：“送礼就送脑白金”。收礼者有面子，送礼者不怕送错。通过营销心理学分析，此营销创意应用了非常巧妙的“虚荣”心理，有知名度、有名牌，送礼物有面子，同时也解决了送礼者长期的困惑：送礼到底送点什么好？不亚于当下上班族每天的灵魂拷问“今天中午吃什么”一样。脑白金直白且简单地定义了“送礼就送脑白金”，符合送礼者的“懒惰”心理，同时还给予送礼人一定的“安全感”。此营销创意既满足了收送礼者双方的心理需求，又借此重新定义了一个新的市场——礼品选择市场。差异化的定位，产生新的需求和市场领先优势，获取高额营销红利。

小结

以上内容从商业到营销，分享了商业的本质。营销是商业运营必不可少的部分。营销的本质是需求，需求的底层是欲望，营销就是从欲望角度分析人性底层的影响因素。“罪”也好，“情”也好，“欲”也好，“苦”也罢，其实都是人们活在这个世界上想要的、害怕的、持续想要的、特别害怕的东西。

第三章

私域运营的用户策略

私域运营指的是对在自己的流量池里沉淀的用户的运营。私域流量，通常指的是企业私有的平台上留存的用户。前面提到过私有平台有狭义私域平台和广义私域平台之分。狭义私域平台通常指的是品牌自建的官网和App；广义私域平台除了官网和App，还包括微信公众号和小程序等。私域运营的关键是针对不同类型的用户用不同的运营方法、手段和资源投入，在追求客户极致体验的同时，达到客户与企业双赢。

一、私域运营本身就是一种创新

（一）私域运营是营销模式的创新，也是经营的创新

从用户获取的视角，私域运营是从流量外求，到流量的内外兼修；从依赖到内外双循环的流量获取模式转变。从经营的视角，私域运营是从

过去“广告-线索-转化”的模式，增加了一个销售渠道“私域池-线索-转化”。从客户分类视角，私域运营是从过去只关注意客户和销售线索，新增了一个客户类型“流量”（潜在客户）。私域运营是通常通过广告引导用户来自建私域平台进行注册或加企业微信，从而保持客户有效连接，因此私域运营进入了一个3双（“双通道、双目标、双提升”）新时代。双通道即为流量+线索双通道，双目标为到店目标、订单目标，双提升为量提升、率提升。

（二）私域运营，不仅仅是方向的改变

私域运营，是互联网发展到一定程度的产物，不仅仅是运营方向的改变，更是方式、手段的创新。私域运营，是以自建和二次开发的私域平台为载体，大数据智能技术为驱动，以客户需求为核心，进行客户分层、分类的、精细化的激活、留存、培育、转化和传播等。私域运营“杨三角”模型如下图所示。

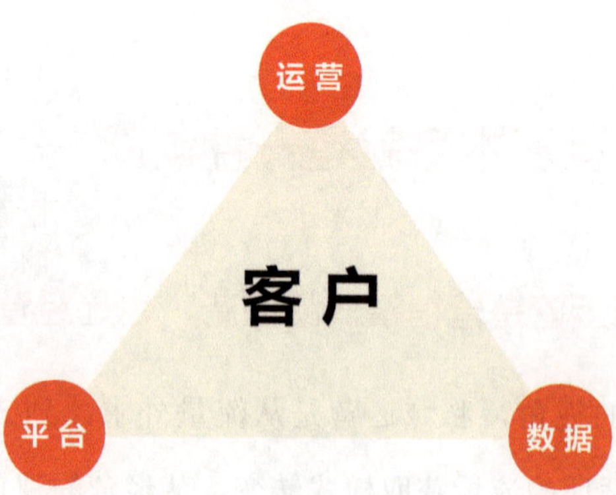

二、数智化技术是利器还是堆砌

（一）数智化技术，是私域运营增效的利器

1. 数智化技术为私域运营提供技术支撑

互联网技术的发展，尤其是移动互联网的普及，让企业更有能力自己构建一个直接面向顾客（2C）的营销平台，可以直接触达消费者（D2C）。无论是在官网、移动官网、小程序、企业微信、车联网等平台做到直连客户，不限时空地与客户沟通。同时还可根据自身业务内容、服务特色和客户体验的需要，构筑不同服务频道、菜单内容和页面布局等。

2. 大数据技术，助力私域运营走向智能化

私域平台和社会化客户关系管理（SCRM）系统中积累的大数据为私域运营提供基础。通过技术读取用户的行为数据，SCRM系统记录用户的基本信息和交互数据。通过客户数据分析用户行为，分析不同类型的客户不同的需求，从而制定个性化的产品与服务解决方案。通过数据积累，通过数据算法预测客户行为，推荐更加个性化的服务和极致的用户体验。推荐算法本身无罪，只要不是用来杀熟，而是追求用户满意度、惊喜度，还是个科技向善的应用。

（二）数智化技术，可能只做到了堆砌一堆技术

1. 数智化技术是企业发展的必要驱动

数智化应用或数智化转型，已成为企业创新的必然选择。从消费互联

网到产业互联网，从2C的创新应用，到面向公司（2B）的转型赋能，再大到国家战略，小到企业发展，数智化已成为诸多企业的根本要求。诸多企业也真切地认识到数智化应用对于企业发展的重要意义，并做了不同程度的投入。所谓“无数智化，不管理”“无数智化，无未来”。

2. 数智化技术不是万能的

正因为数智化技术在企业变革中的重要作用，导致很多管理者在管理中一不留神就走了形。数智化是技术、是工具、是实现目标的手段；而业务目标、客户体验、营销价值才是企业最终的追求。不以业务目标为中心，对业务本质的忽略或重视程度不够，基本就是用手段代替了目标，用过程代理了结果。因此，数智化如不能有效提升客户体验、提升企业运营效率，其本身再豪华、再先进也不过是人为堆砌了一堆技术而已。

三、私域运营回归本质见真因

（一）私域运营核心用户经营

私域运营的核心是用户运营。“用户为中心”，我们提了很多年。这么多年过去了，很少有企业做到言行一致且有好的投资回报率（ROI）。其间有诸多原因，比如产品先天缺陷，仅仅有服务是不够的；也有的是用户的范围未确定好，任何类型客户都要做到尽善尽美，导致成本与收益之间差距越来越大，最后入不敷出；还有的是没有界定与分类用户不同层次的需求，而进行无差别式满足，导致有限服务资源捉襟见肘、顾此失彼，用户体验整体不佳、服务效果不好。

（二）私域运营更要做好客户分层

1. 常见的用户分类方法

常见的用户分类，有按照性别分“男女”，按照年龄分“老中青少童”，按照所在城市分“一二线、三四线、五六线、城镇”，按照是否产生过购买行为分“新客户、老客户”，按照是否持续性购买分“一般客户、忠诚客户、沉睡客户、流失客户”，按照客户对品牌用户度分“粉丝、忠实粉丝、经纪人、关键意见消费者（KOC）、代言人”等。

2. 常用的客户分类模型解读

最常用到的客户分类方法有金字塔模型和RFM模型。

1）金字塔模型

金字塔模型是一种客户分层的方法。根据运营需要，设置评测用户维度比如用户活跃度、价值贡献度、用户影响传播度等，由下到上搭建一个金字塔模型。然后再根据用户在上述维度上的评分，运营商给予不同的权益、资源和运营方式，促进整个客户层级的上升，形成良好的循环。

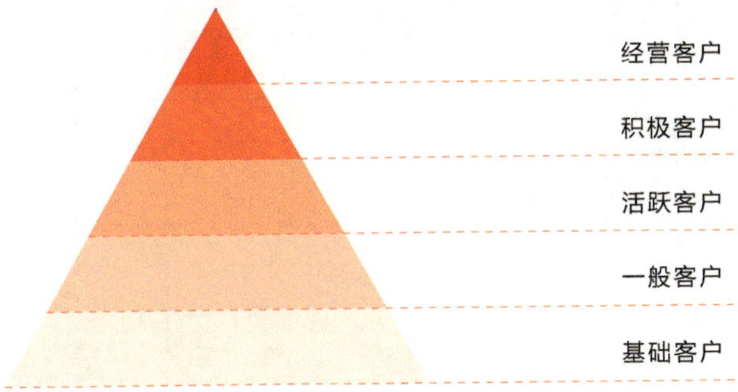

2）RFM模型

RFM模型的3个指标分别为：

R——Recency，最近一次交易时间；F——Frequency，交易频次；M——Monetary，交易金额。

RFM模型是衡量客户价值和客户创利能力的重要工具和手段。一般的分析型客户关系管理（CRM）着重在对于客户贡献度的分析，RFM则强调以客户的行为来区分客户。RFM在互联网平台和电商平台的应用尤其广泛，不仅考虑了产品价值，同时也考虑了客户复购频次和最近的交互时间，考虑的不仅仅是客户黏性与忠诚度，还有活跃情况，监测客户的流失风险。

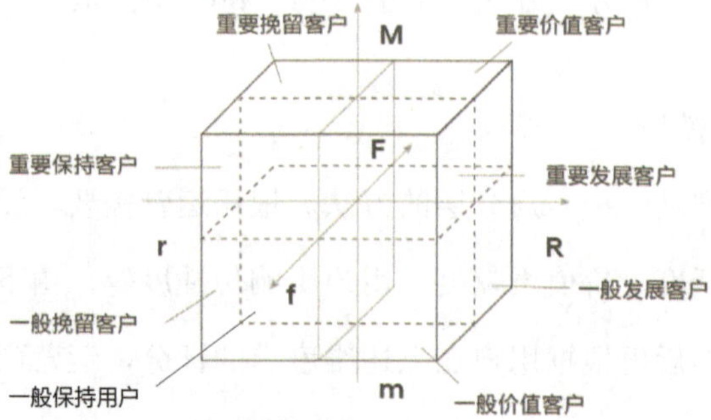

用户价值类型	R	F	M
	最近一次交易时间差	一段时间内的交易频次	一段时间内的交易金额
重要价值用户	↑	↑	↑
重要发展用户	↑	↓	↑
重要保持用户	↓	↑	↑
重要挽留用户	↓	↓	↑
一般价值用户	↑	↑	↓
一般发展用户	↑	↓	↓
一般保持用户	↓	↑	↓
一般挽留用户	↓	↓	↓

3. 结果型分类难以满足私域运营需要

以上客户分类方式，基本都是结果指标，按照客户交互的行为或交易结果来度量客户某一监测维度下的状态，并分值化，从而对客户分类、分级并设置不同的运营方法和手段。数智化下的私域运营，需要更加精细化的客户分类，洞察客户与私域交互的触点、需求与痛点，以及设计更加个性化的解决方案。

（三）私域运营更要做好客户分类

1. 私域运营客户分类要以业务目标为导向、场景为切入

1）不同类型的企业，业务目标不同

各不同类型的企业有不同的业务目标，比如平台型互联网公司在乎的是用户量和活跃度，用户运营更加侧重用户的“获取、激活、留存和裂变”；电商型平台更在乎是商品交易总额（GMV），用户运营更在乎用户“注册量、交易额、购买频次和客户推荐”；汽车企业在乎的是如何多卖新车，更关注的是流量转化。

2）场景是私域运营落地的最小可行性单元

场景是特定人群在一定时空内所表现出的特定需求和行动。场景有三要素：空间性、时间性和目的性。空间性是指所有场景都是在一定空间内完成的。它可以是现实生活中的场所，也可以是互联网平台的某一个页面或一个环节。时间性是指所有的场量都是在一定时间内完成，不可能无限延长。目的性是指所有的场景都有鲜明的目的。在电影桥段中我们经常会

看到一些男女主角感人肺腑的爱情场景，在营销中场景更多地聚焦在一种需求或意愿。比如我们行走在炽热的撒哈拉大沙漠里，烈日灼心、大汗淋淋，这就是个场景，需求是喝水；相反我们在野外遇到暴雨被淋成了落汤鸡，这个场景下需求就是取暖、晾干衣服。比如我想买学区房，去了房产中介，在这个场景下我们的需求就是对应的学校。再比如我想买车，第一次来到车企的App上注册后，这个场景下我的需求是如何选一款适合我的车。场景是珍珠，有效串联起来才是珍珠项链；场景是车站，串联起来才是整个旅程。

2. 不同类型的客户，痛点不同，运营施策不同

精细化的运营，要拆分客户的全生命周期的触点和阶段。不同的阶段会有不同的需求，有人是什么都不懂的迷茫型，有人是有困惑的问题型，有人是有目的的探索型，有人是带验证的评估型，有人是需要下定决心的决策型……处于不同购买阶段的人，定然有不同的需求和需求满足的内容和方法。迷茫型的客户需要为其解惑，而不是促进其决策，这样就能理解我们对迷茫型的客户大打促销政策、推荐促销活动是多么不理智，客户体验是多么差。

3. 跃迁引擎模型下的客户分类

以购买过程复杂、有多重因素影响的汽车销售为例，示范如何在业务目标指引下，通过场景的划分，利用大数据智能和客户分类运营，完成客户转化的增长飞轮。

1）科特勒营销4.0的5A营销模型

销售增长视角下的私域运营，本质就是做用户的“跃迁运营”——一个阶段到另一个阶段的跃迁，最终形成转化和销售。“跃迁”的理解，既可以从A状态到B状态，也可以从B状态到C状态，看状态与时机，并不是一定要循规蹈矩。下图虚线标识的就是此意。

客户买车目标的场景化的跃迁引擎模型

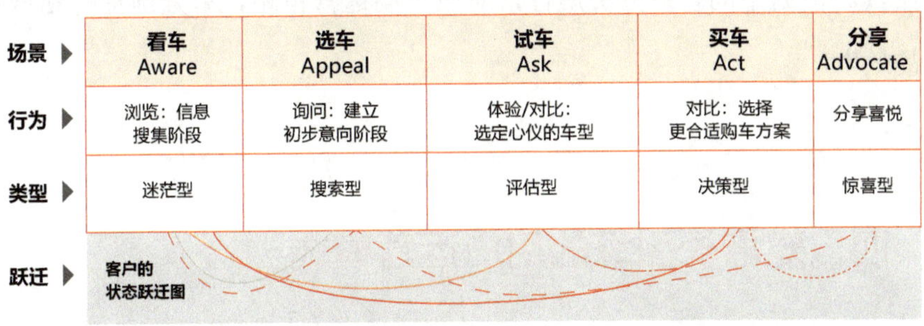

场景
行为
类型
跃迁
看车 Aware
选车 Appeal
试车 Ask
买车 Act
分享 Advocate
浏览：信息搜集阶段
询问：建立初步意向阶段
体验/对比：选定心仪的车型
对比：选择更合适购车方案
分享喜悦
迷茫型
搜索型
评估型
决策型
惊喜型
客户的状态跃迁图

2）跃迁引擎的含义是数智化驱动

有了清晰的业务目标和运营场景，跃迁引擎就是数智化驱动。用大数据技术洞察客户所处在哪个阶段，了解对应阶段下状态、痛点和需求，给予运营施策，引导客户向下阶段跃迁。同时，客户转化过程、状态以及质与量的数据，又反哺大数据分析，提升洞察的精准度，更好地驱动运营改善与迭代。如以客户状态洞察与需求识别为核心的大数据算法库为数据引擎，来驱动不同阶段的客户更高效地完成购车旅程的跃迁。

3）私域运营客户分类体系建议

这里要建立两套积分体系、一套分类逻辑。第一套积分体系是用户活跃类的积分体系，关注客户注册、点赞、评论、转发等。此体系聚焦的是客户的黏性，做大私域池、提升私域的黏性与活跃度。第二套积分体系是用户转化类积分体系，按照金字塔模型，对照客户的生命周期阶段，对应不同分类。此体系对应的是客户的价值属性，提高私域驱动的价值贡献。两套积分体系可建一个融合的客户分类矩阵，有些客户的价值是核心意见领袖客户（KOC），有些客户的价值是交易额（GMV），有些客户则两者兼具。根据不同客户分类属性，对应不同运营策略，有效地提升私域运营的效率。

四、双增长引擎的用户运营模式

（一）用户运营的基础认知

1. 营销漏斗与私域池

以汽车销售为例，每个主机厂每年都投入几亿到几十亿的营销费用，主要投入在广告方面。在公域平台做品牌广告和效果广告，所投入的产出有两种成果，一是线索商机，二是流量。无论是线索商机还是流量，都会按照销售漏斗，转化为到经销商店、试乘试驾、买车的全流程，各个流程都有客户流失。过去的营销模式，只关注销售漏斗的转化率，而私域运营的目标就是打造主机厂自己的私域池。一类成交客户进入保有客户池，二类未成交客户进入潜在客户池。按照不同的类型，进行私域客户的体系化培育，具体如下图所示。

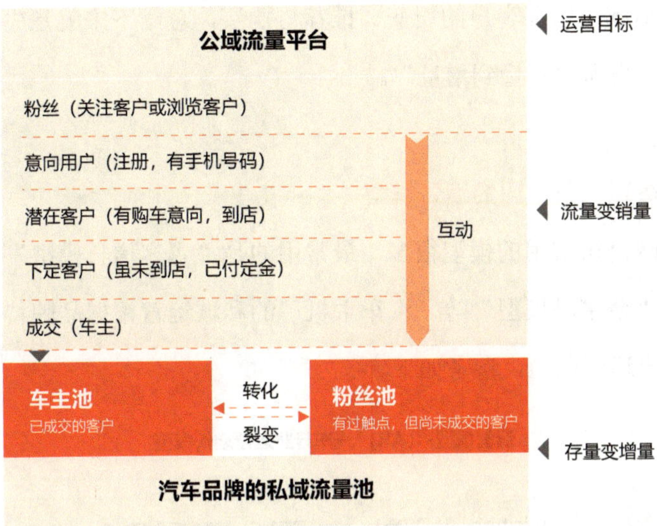

2. 私域的目标

汽车企业的私域运营与互联网公司不同。汽车作为大宗商品的销售，是个多重负责决策的过程，参与人数较多（通常2位以上）、决策周期较长（通常是14天以上）、互动环节较复杂，涉及线上浏览、线下试车、多方询价、电话对比、到店商谈而后成交的过程，并且平均一辆车的使用年限是3.5~5年，短时间内置换的比例不高。

此外，每个主机厂每年都有大量的投放预算，需要有几十万甚至百万辆的汽车销量。所以，对于每个主机厂来说，销售是生存的第一要义。因此不同于互联网私域运营讲究的是客户裂变与复购率，主机厂更在乎的是新客的成交率。先把意向购车的客户跟踪好、服务好，更多地转化成当下的销量；如果失败了，再引入到培育池进行培育与进阶。

因此汽车销售等大宗商品的营销与运营，都是先抓住新客的流量，然后再做私域池留存客户的裂变、推荐与购买，总结下来就是先做“流量到销量”，再做“存量到增量”。

3. 私域运营有不同的运营模型

互联网公司常用的模型很多，最常用的是“黑客增长模型”“飞轮增长模型”“金字塔模型”等。汽车主机厂的私域运营根据品牌特征，构建自己的用户运营模型，参考如下。

运营模型-（AR）^{3}汽车行业运营增长模型

A	Acquisition	拉新	获取新客户，包括拉新和流量承接
A	Activation	激活	客户运营，促进身份跃迁和状态转变
A	Arrival	到店	集客，客户到店；或客户线上下订，线下提车
R	Revenue	成交	客户成交，提车
R	Retention	留存	客户留存，进入品牌私域流量池，提升黏性
R	Referral	推荐	客户推荐或裂变

（二）用户运营的双增长目标

1. 以用户增长为目标的运营

用户运营，首先要有高质量的私域池，高质量意味着不仅有足够的用户数量，而且还有足够的活跃度，同时用户结构较为合理。因此，用户运营的目标是构筑高质量的用户池，如下图所示。

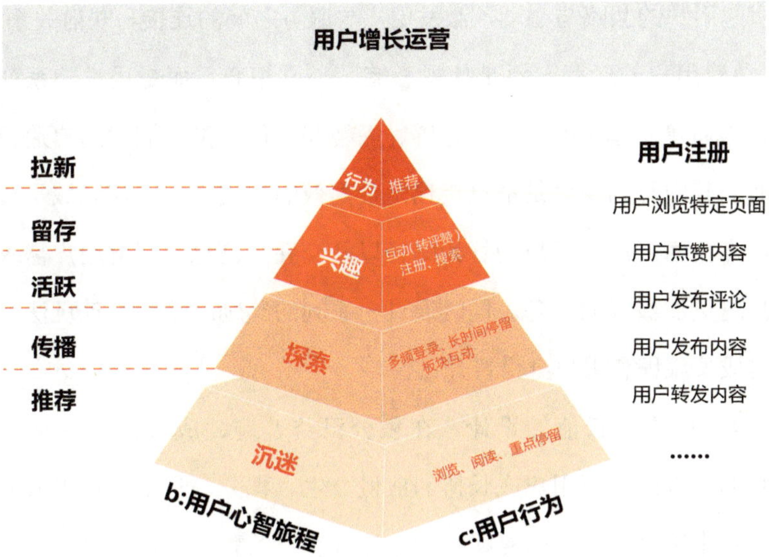

（1）运营的目标是“拉新、存留”，扩大私域池；“活跃”，是希望把私域池盘活，而不是一群僵尸粉；“传播”是希望给用户提供不一样的体验和独特的价值服务，让用户把这些惊喜点传播出去。“推荐”是用户增长运营希冀的结果，通过推荐可裂变更多注册用户，扩大私域池。过去的品牌力是根据人们对于品牌的知晓度、美誉度和拥护度来评测，现在的品牌力，还可增加一个新的指标叫作“私域客户力”，即有多少人连接了该品牌，并保持一定活跃度。

（2）产品设计及运营内容应遵从客户的心路历程，在某个机缘下产生了交互行为，内容和服务引起了客户的兴趣，并产生了更多探索欲望，客户越来越多频次地交互和互动，最终成为品牌的铁粉。运营本质就是洞察人性与人心，运营三要素：一是洞察客户（人工分析+大数据洞察）；二是运营产品、服务及权益资源；三是创意策划，如何通过创意活动与内容，引起用户的共鸣与心动，激发用户与服务之间的连接与映射关系。

（3）用户的运营，不是相视一笑、心灵相通，而是通过一系列持续互动、沟通建立起来的信任、好感、兴趣和价值交换。洞察用户途径有多个方面，其中行为洞察是最直接也是最高效的方式之一。在私域平台上，通过埋点技术，洞察用户的行为路径以及交互的信息，理解用户需求和痛点，打造更加极致的服务。同时通过一系列的奖励政策和互动玩法，推进用户的成长旅程和用户身份晋升飞轮。

（4）用户成长值的设计。在积分日益普遍、成长值屡见不鲜的当下，我们再次回顾下用户成长值的前世今生。积分，最早用户忠诚度奖励计划，用来奖励老客户的复购行为，提升客户的黏性。最常见的是航空公司的积分，可直接兑换机票和商品；移动公司的积分可以兑换流量或礼品；银行也有各种各样的积分商品。汽车行业引入积分的时间也很长，最早应用于用户车主售后的回厂维修、保养和老车主推荐。车主积分也分为两类，一类是保养送积分， 如50元积1分，1分=1元，积分既可当现金使用，同时还是车主金、银、普卡身份与级别的象征。不同的会员等级，会有不同的权益，比如工时折扣、优先通道、VIP休息室等。后来把用户推荐购车、增购、换购纳入进来，范围从售后延伸到销售，推荐其他客户购买一辆车奖励300~500积分，相当于300~500元。积分的本质就是度量车主对于车企和4S店的价值贡献度。有些汽车主机厂没有彻底搞明白这个道理，在新车销售环节也给予高额积分，其实这属于变相降价，对于整体用户价值运营没有太大的裨益，笔者认为是走入了误区。

随着互联网平台的兴起，由于运营目标的不同，部分平台更在乎用户数和活跃度。平台型公司做用户运营的时候，专门设计一套用户成长体系。从用户的行为出发，从注册开始，签到、点赞、评论、发帖、加精、转发……都赋予用户不一样的值，这些值就叫作成长值。平台的需求不同，各个动作的分值也不同，比如知乎的创作分中，发1分钟的短视频+70分，写300字以上的带图回答+65分，获得20个评论+20分等。总体来看，平台更希望有视频或有图片的文字形式的内容，来增加可读性；同时对于有高评论的内容有额外的奖励。

（5）汽车私域运营的积分设计独特性。汽车企业私域平台需要以用户增长为目标的积分体系，一方面得考虑私域池的搭建，通过用户的增长运营，提升私域池的质量；另一方面又不能完全照搬互联网平台，通过用户的行为，如签到、发帖、评论等来发布积分，因为车企私域运营的本质目标还是希望多卖车，而不是打造成一个单纯的互联网平台。因此，积分设计时既要考虑到私域池的建设，也需要把卖车这个目标考虑进来。目前任何一个行业的积分体系都只有借鉴价值，搭建核心体系必须创新。

2. 以销售增长为目标的用户运营

私域运营的最终目标还是要创造价值，对于车企来说，第一阶段的首要目标还是多卖车，应根据销售漏斗模型来做潜客运营，实现目标转化。

1）私域运营的销售漏斗模型

私域运营的销售漏斗模型是私域运营销售增长的核心风向标，以结果为导向，设计客户的行为路径和运营交互体验，扩大销售漏斗的开口和斜率。这个模型可以从三个方面来解读：第一是流量到留存，从留存到线索产生，再到到店量和成交量；第二是各个漏斗环节的转化率，度量的是各环节的转化能力和效率；第三是线索转化率和私域转化率，线索转化率即线索到成交的能力，私域转化率有相对转化率和绝对转化率，度量的是私域基盘量和成交量之间的概率的参考关系。

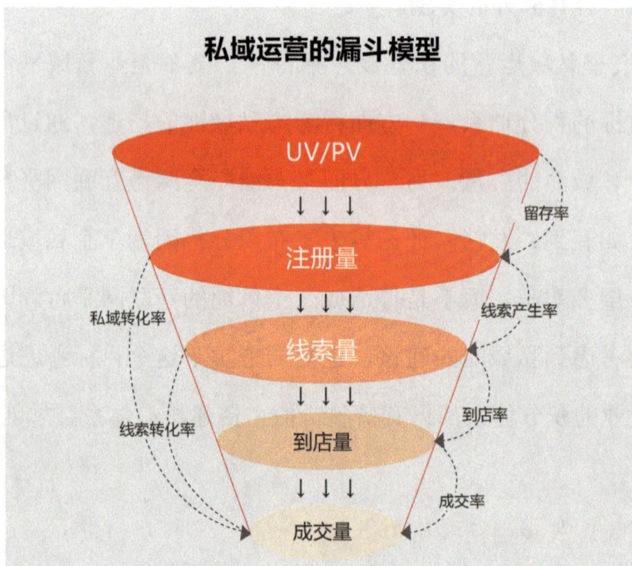

2）销售增长引擎模型

销售漏斗一直都是商家思维，是从商家的角度来看业务运营的流程和核心关键指标。但在运营实操的角度，需要的是用户思维，包括用户购车旅程的“看车、选车、试车、买车”四个阶段，通过数据智能分析，洞察不同阶段的需求。从运营的视角针对不同阶段、不同需求，策划不同的内容和活动，促进客户购车旅程的跃迁，完成销售转化。

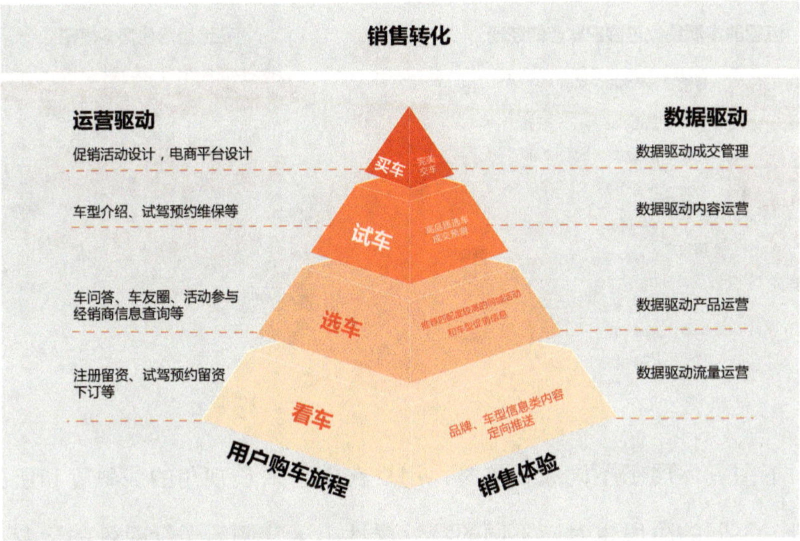

（三）双增长引擎的融合

1. 针对性地设计用户成长值

用户成长值，可以是用户的基础属性和我们希望引导的新手任务。新手任务的设计，可把新手销售旅程及核心关键动作纳入新手任务的体系中来，比如是否有购车颜色偏好、预计的购车时间等。根据不同的权重级别，给予不同的成长值。

2. 用户增长的成长值与销售增长的核心关键点融合示例

下图显示的就是用户增长运营和销售增长运营的融合增长示意。

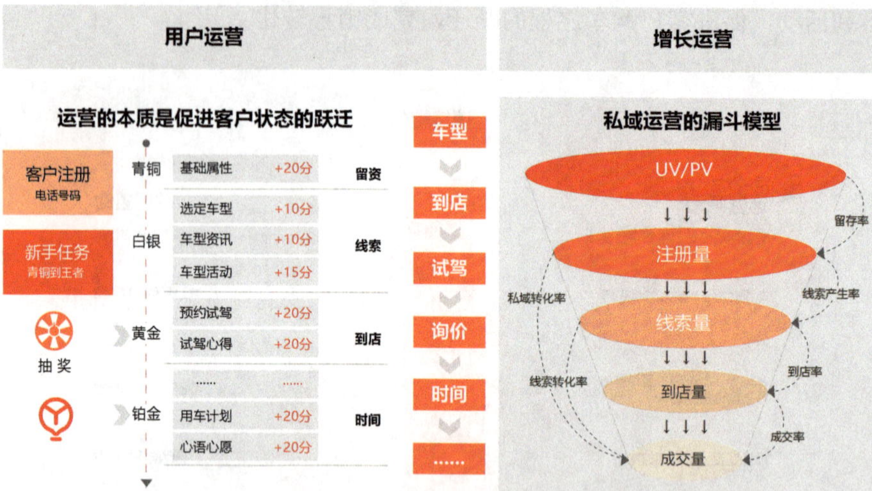

下图具体展示不同成长值时，用户在销售增长视角的成熟度和所处的阶段。不同的阶段也对应不同的特性属性，运营侧给予针对性的运营“跃迁”方案。

五、用户成长值与积分体系的设计

（一）积分或成长值的设计目的

1.“数值”是用来对用户分类的

积分或成长值，本质都是一个数值，通过客户某一个行为或某一个状态，给予其一个量化的数字，这个数字根据不同的用途有不同的称呼，有的叫积分，有的叫成长值。“数值”的应用目标是对用户更好地分类运营。

2. 不同子目标积分不同

（1）积分在汽车行业主要是用于车主忠诚度奖励的，不同的车主贡献度给予不同的积分。根据不同的积分分值，可划分出客户的金字塔层级，即普卡、银卡、金卡、白金卡等，度量的是用户价值的高低，一汽大众现有积分体系如下。

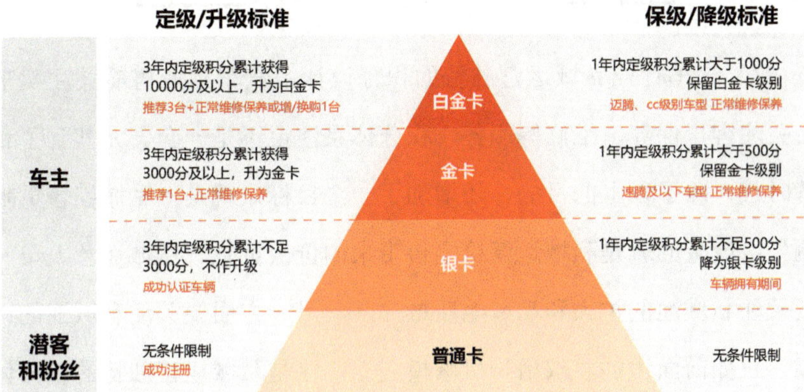

（2）成长值，度量的是客户活跃度以及对于平台的拥护程度，用户不同行为也会对应不同的数字激励，给予其不同的勋章或级别。

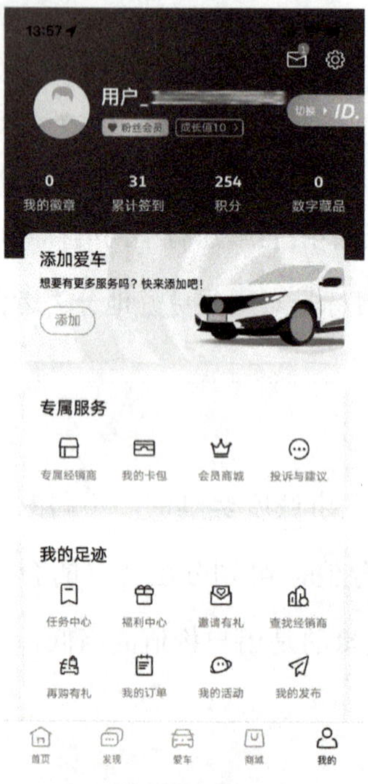

（3）汽车行业私域运营独特的积分设计。汽车行业售前关注卖车，售后关注客户保养、维修等服务，积分体系注定不是一套。尤其到了私域运营时代，除了以上的目的，还增加了一个目标，就是“私域销售贡献度评测”，度量的就是私域运营给销售带来的价值贡献。私域运营人员一方面要关注私域池的扩大和私域池质量提升，另一方面要关注私域池的销售贡献。正如前面讲的“双增长引擎模型”，这是私域运营独特的积分体系设计。

（二）用户增长与销售增长的双增长引擎的积分设计

车主及电商的积分体系，可按照保有客户逻辑来设计，毕竟有实际的价值贡献和复购的概率。因此车企积分体系应该是有双积分体系的，一个是针对保有客户现金价值行为给予有现金价值的积分；另一个针对私域池的用户力相关成长值，给予的虚拟成长值积分和权益，用于度量用户对于私域用户力的贡献度。下面重点从后者的角度思考积分设计逻辑。

1. 新成长值设计的原则

1）新的成长值的目标

私域运营成长值，首要目标是评测客户购车的可能性与成熟度，同时还能度量客户在私域池的用户力方面的贡献度。所谓用户力，我们将用户的留存、活跃、互动、传播、推荐等称为私域池的用户力（私域池用户经营的能力）。

2）成长值设计的原则

按照运营的目标设计积分（同成长值）的类目以及优先级。按照购车＞推荐、传播＞活跃的逻辑来设计积分（逻辑是可以修改的）。

2. 新成长值设计的参考

（1）行业对标，主要调研了“蔚小理”及其他品牌的成长值。

	任务	积分	成长值	任务	积分	成长值	任务	积分	成长值	任务	积分	成长值
蔚来	注册	30	x	签到	1	10/100天	设置个人信息 昵称、头像性别、爱好城市、地址	10	x	社区评论	5	0-5/周
小鹏		40	x		随机	x		30	1		1	120/月
理想		x	x		x	x		x	x		x	x
招商银行		10	x		x	5		x	100		x	x
一汽大众		x	10		1	x		3	x		1	x

	任务	积分	成长值	任务	积分	成长值	任务	积分	成长值	任务	积分	成长值
蔚来	社区评论	5	0-5/周	社区发帖	x	x	点赞/收藏	x	x	优质内容精选/精华	200	10
小鹏		1	120/月		x	440/月		1	1		10（精华）	30
理想		x	x		x	x		x	x		x	x
招商银行		x	x		x	x		x	x		x	x
一汽大众		1	x		3	x		1	x		200	x

	任务	积分	成长值	任务	积分	成长值	任务	积分	成长值	任务	积分	成长值
蔚来	线上活动	100-1000	0-30/周	线下活动	不定	10/次	粉丝数量	x	1=20人（小于1000） 1=100人（小于1000）	用户评价 试驾、购车回厂	5-10	x
小鹏		定制	5-10 上限120/年		x	20/上限 20-50（组织）		x	1=10人 200上限		x	x
理想		x	x		x	x		x	x		x	x
招商银行		定制	x		x	x		x	x		x	x
一汽大众		定制	x		x	x		x	x		80-240	x

（2）积分设计的参考。

类别	用户增长的视角			销售转化的视角		
序号	主要行为	建议分值	备注	主要行为	建议分值	备注
1	注册	10分		注册	10分	
2	基本资料	35分		选择车系	5分	
3	签到	2分		选择车型	5分	
4	阅读文章	1分	有效阅读的定义	配置参数	7分	OTD定制车
5	发布图文	10分	>200字	选择颜色	7分	
6	发布短视频	15分	短视频生成器	金融产品	8分	
7	点赞	1分		置换评估	10分	
8	评论	2分		购车预算	10分	
9	收藏	1分		购车时间	15分	
10	转发	3分（朋友圈5分）		用车偏好	5分	用车场景
11	推荐	30分		对比车型	5分	
12	参加活动	x分（不定额）		试乘试驾	20分	
13	……			……		

积分到底是多少，需要做多版本的积分测算模型，通过试算、试运行来最终确定。

（三）成长值及积分体系在用户分层中的应用

1. 积分 / 成长值的应用

用勋章来标识客户的身份属性和特征，不同的特征有不同的运营方法，不同的分值映射到客户不同的勋章中来。

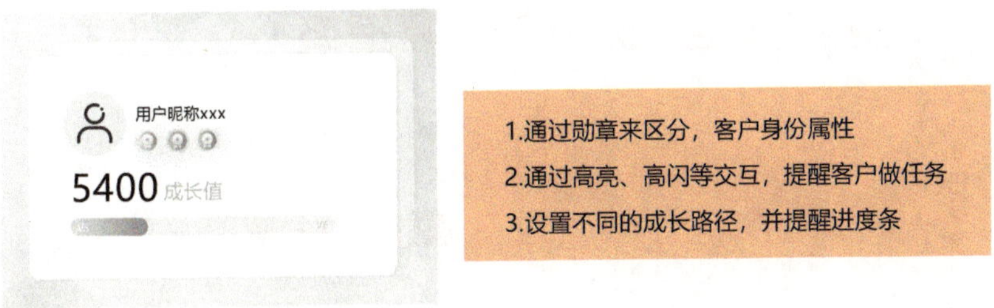

用户昵称xxx
5400 成长值
1.通过勋章来区分，客户身份属性
2.通过高亮、高闪等交互，提醒客户做任务
3.设置不同的成长路径，并提醒进度条

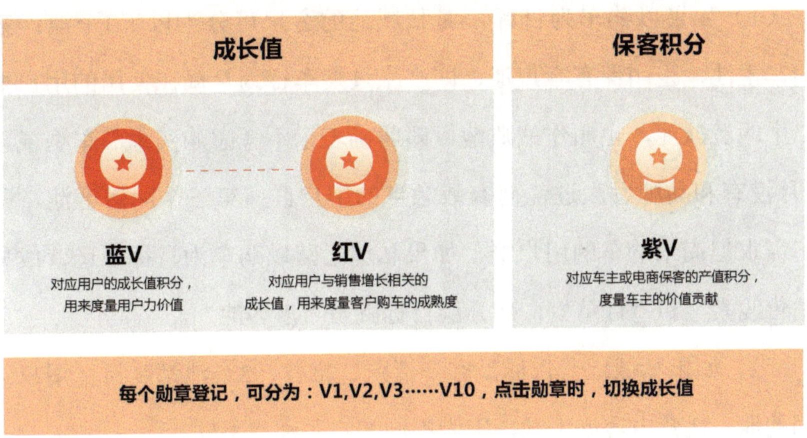

2. 不同勋章对应不同的用户运营策略

（1）蓝V，聚焦的是用户增长，越活跃，价值越高；越主动、贡献越大。所以用户运营的策略主要是激励激活、互动、传播、推荐等。

（2）红V，聚焦购车旅程的成熟度，目的是洞察用户所处购车阶段，针对不同阶段推荐购车相关的内容与服务，促进客户状态跃迁。

（3）紫V，聚焦保有客户身份识别，洞察客户消费规律、消费习惯和偏好，针对性地做相似度推荐和探索创新。

六、客户分层、分群的运营策略

（一）不同的运营目标对应不同的客户分层

以汽车行业为例，对不同的运营目标进行不同的客户分类，具体如下：

（1）如果以购车为目标，对私域池的客户可分为以下3个池：第一个叫车主池，也叫保有客户池，即产生过购车行为且尚在使用的用户群；第二个叫沉默池，也叫作战败池，即明确表示不考虑购买本品车型或至少6个月没有和品牌发生过任何有效触点的用户群；第三个叫潜客池，即有购车需求但尚未购车的用户群。如果私域运营以购车为目标，运营成果是“销售线索”和“订单”，那分层目标就是“潜客池”。

（2）如果私域运营目标是客户活跃、推荐，3个池都是目标用户；但不同的池，运营内容亦不同，因为不同客户关注点不同。

（3）如果目标是文创商品或其他精品的售卖，运营目标是全私域池；但在客户分类时，应根据产品属性、用户兴趣以及购买习惯等重新建立映射关系。

（二）不同勋章类型用户的运营方法

1. 蓝 V 勋章客户的运营

（1）按照金字塔模型对用户进行分层，从一般用户到活跃用户、KOC、KOL等分类，不同分层的用户享受不同的权益和资源。

（2）按照不同内容对应群体，对用户进行分群，通过社群运营提高用户行为黏性，建立不同管理机制和激励机制，促进用户金字塔模型层级跃迁。

具体运营内容分类，可按照原始设备制造商（OEM）引导、用户共建等运营模式进行内容设计。原始设备制造商引导围绕品牌IP和调性，设计私域用户的IP和标语。在这个标语下，设置内容运营的板块与分布，核心内容以“车及车生活”进行设计，不谈“国家、政治与军事”，只谈

“生活”，定义为“生活社区”。比如“越野达人”“畅行天下”“雪山与高远”“318专区”“川藏女神”“云贵爱心”“守护天使”“闲事垂钓”“周末轰趴”等。所有场景的设计，都是以“车为媒介”新生活方式的话题活动。

2. 红 V 勋章客户的运营

（1）按照购车旅程阶段来分群，不同阶段有不同需求，针对不同的需求设置不同运营策略。比如按照购车时间来划分，分为H级、A 级、B 级与 C 级，不同级别客户运营方法不同；还可以按照客户是否到店试乘试驾过，分为潜在客户和意向客户，对应的目标分别是邀约客户到店和邀约客户二次来店。按照客户交互的状态来分，分为“迷茫型”“问题型”“探索型”“评估型”和“决策型”。

需求认知阶段	该类型用户的特点	应解决的营销问题	购车需求
迷茫型用户	不知道自己的问题是什么	帮用户说出 现象的原因和解决方案	看车：想买车
问题型用户	知道自己的问题 寻找问题的解决方法	说出解决方案和产品	选车：选车型
搜索型用户	知道自己的问题和答案 还不知道自己该用什么产品	说出你的 产品的特点卖点	选车：选品牌
评估型用户	知道自己该买哪个品牌的产品了 但是不知道这个品牌的产品 值不值得信任	解决用户对品牌的信任 等顾虑问题	试车：选好车
决策型用户	知道自己该买哪个品牌了 也知道现在要买了 就是差一点促动力	搬出针对用户的 优惠和激励措施	买车：准备买

（2）针对不同购车阶段客户，运营不同内容。购车阶段的跃迁运营，才是私域运营当下最高价值的运营。通过专业的团队，以购车为目

标，来打造购车需求的引导和转化。比如选车时候的“油、电之分”，车型选择的“轿车、运动型多用途汽车（SUV）、多用途汽车（MPV）”区别，选配时候看哪些参数“外观的设计、空间的大小、动力总成”等，树立客户对产品的信心。运营时还要融入品牌的设计理念、研发优势、工艺技术等，树立用户的品牌信心。

（3）线上线下的一体化运营。以用户手机号为ID，建立一个购车用户的唯一识别码。汇聚一个品牌的客户全量数据，比如线下到店数据、客户回访跟进的数据和线上访问、参加活动等行动数据，建立一个客户的状态与需求雷达。线上线下协同运营，提升客户需求满足的精准度和购车体验，也提升客户服务的服务效率。

3. 紫 V 勋章客户的运营

（1）按照客户贡献值来分，分为不同级别的会员，不同级别的会员对应不同类型权益和服务，本质也是金字塔模型。但这是管理思维，不是运营思维。运营，就是通过一定的方式促进客户身份状态的跃迁。

（2）按照保有客户的类型进行分类，按照车辆的状态进行划分，新车、次新车、质保期内、质保期外的车主客户，不同车主维修、保养的需求是不同的；按照客户推荐次数和习惯进行划分，无推荐、有推荐尚未成功、有一定量推荐、有多次推荐等，不同推荐状态的客户保客推荐运营方法亦不同；按照客户参加活动情况（线上与线下），一般性车主、积极车主、活跃车主、领袖型车主，在活动运营方面，也要设计不同的运营方法。

（3）紫V客户的分群，也是按照不同的运营目标进行划分。不同目标，找寻不同的客户族群和需求属性，配置一定资源和运营策略。

（4）紫V客户运营需要额外的关怀行动，比如用车关怀、生日问候、恶劣天气提醒、节假日祝福、车主会员日福利等。

小结

（1）私域运营行业不同，目标与方式不同，匹配的运营逻辑和运营模型也不同。

（2）私域运营，根据不同的角色和目标，选用不同分层、分群的模型和方法。

（3）不同分群下，企业运营必须匹配差异化的运营策略和资源。

（4）私域运营12字方针“业务为先、数据驱动、运营闭环”。必须是业务引领，所有的数据和平台都是实现业务目标的支撑。如果用了数据引领或IT软件平台引流，可能是为了数智化而数智化，无法有效实现数智化转型驱动业务效率提升。

（5）用户运营是一切运营逻辑核心所在，任何一个私域运营企业在这里没想清楚，其所做的运营效率就很难提高，数据驱动也会很难接近本质，投入的资源很难起到杠杆的效用。因此用户运营策略是私域运营的核心，是数智化运营的灵魂。

第四章

打造私域的用户竞争力

一、用户竞争力的打造

（一）用户竞争力，是回归商业竞争的本源

1. 商业的本质是企业与用户之间的价值交换，用户是交易对象

拥有更多体量的用户，一直都是企业经营的追求，因此每个2C类的企业，在市场营销方面的预算都不少；市场部的负责人往往都是核心高管。随着科技的发展和营销方式的变化，流量探顶、广告式引流营销的主要模式已经遭遇诸多的挑战。企业更关注如何与自己的“上帝”打好交道，这就是用户经营。

说起用户经营，大家都会想起一个业务——“忠诚度奖励计划”或“会员俱乐部”。大家对航空公司的里程奖励计划、移动运营商的消费积分、银行的金银普卡等都不陌生，这些十几年前视为业务创新的措施，如

今几乎是每个2C企业的标配。会员服务聚焦的是“客户复购”，追求的是回头客，通常是通过消费金额奖励一定额度的积分，积分可以在下次消费时当现金使用或者是兑换礼品。同时积分也是判定会员级别的标准，不同级别的会员等级，会设计不同的权利，比如航空公司的贵宾休息室、优先等级通道，银行的VIP室和业务优先办理权，以及汽车经销商端的VIP休息室，客户在保养汽车过程中可在VIP休息室享受里面的高级娱乐设施和咖啡。

在互联网平台兴起之后，大家把“复购”思维引入进来叫作 “复来”——提升客户对于平台的访问频次。对应设计了一套用户在平台上的“经验值”，包括用户登录次数、签到、发文、点赞、评论、转发等交互行为，用于评测用户的平台忠诚度和活跃度的贡献。在电商类型平台，也综合考虑用户的购买行为给予一定的积分奖励。所以很多平台就产生了2套积分体系，一套是看活跃度，一套是看价值贡献度。更详细的内容可看“用户运营策略”篇的内容。

以上内容可看出，过去的用户运营审视的是用户的“价值贡献”，不论是经验值还是消费积分奖励，根据用户产生了多少贡献，给予用户什么样的回馈和服务，这本身没错，企业本身就是个商业运营的组织。但从营销视角来看，这依然是4P类营销运营，是从企业自身角度出来，而没有从4C的用户视角出发。随着商业竞争愈加激烈，用户的需要已不仅限于某种商品或服务的功能性满足，更看中其中的内涵与购买过程中的体验。这就是新消费大行其道的证明，同样是一杯奶茶，同样是一碗拉面，但用户要的不仅是吃饱，也不仅是物美价廉或是味道鲜美，还要满足这是用户喜欢的品牌文化与内涵，是用户喜欢的IP文化或风格。新消费有两个大方向，一是IP化，另一个是新体验、新感知。同样，做互联网运营，尤其是产业互联网转型下的新互联网运营模式，要求大部分企业都要具备传统互联网那样的能力，可高价值、高效率地经营自己的用户。

2. 新的商业竞争，需要我们建立自己的用户运营能力

产业互联网转型，是全社会的大战略目标，目的是提升企业运营效率和生产效能。同时也让过去只重视研发与生产的原始设备制造商（OEM）可以更加贴近市场、倾听市场，从市场得到更加鲜活的一手信息，更加高效地进行产品研发迭代与战略升级。很多传统企业都面临类似的挑战，尤其是资源密集型的企业，比如重资产的汽车行业等。

这个挑战很大，比如要求一个五星级大厨除了能炒菜，还要能亲自店外招呼客户进店，又或者是要求一个戏剧舞台的演员亲自去卖票、要求一个高级程序员去做销售卖软件。这个挑战的难度大在能力模型不同，前者是专业能力，后者是销售能力，相当于要求职业人既要有过硬的专业技能，又要有很强的组织管理能力，同时要高情商八面玲珑、左右逢源。这样的人才太难找，培养周期又长，具备以上三大能力的人堪称天选之子。而且，比能力模型难的是管理者思维的转变。每一代人都经历着不同时期的考验和磨难，也有着其独特的思想与气质；每个时代的改革转型时期，亦需要对应的领袖。面对挑战，很多领导思维固化，方式守旧，缺乏创新精神，甚至拒绝学习新的理念和知识。领导不用什么都会，也不用什么都懂，但必须要看得清方向，理得清发展思路，尤其是大型国有企业或几十

亿级的传统大企业更是如此。面对挑战，就是一次次新革命，功过永不相抵，不能拿过去的成就抵消新的发展机遇。

（二）打造用户竞争力，需要一个体系来支撑

1. 打造用户竞争力，需构建“真正以用户为中心的运营体系”

打造用户竞争力，建立自己的用户经营能力，需要企业建立“真正以用户为中心的运营体系”。真正以用户为中心，是站在客户的视角，不仅关注用户对产品与服务的满意度，更关注用户与企业之间接触过程中的感受，体验的便捷性、愉悦感、惊喜感等情况。降低用户购买过程中的体力、时间、精力等成本，把企业与客户服务的各个端口和窗口，打造成人格化的服务，让客户感受到实实在在的人在给他做着有专业、有态度、有温度、有情感的服务。每个客户按照喜欢的方式被服务，尊重个性、体现个性，是未来企业的重要服务方向。

2. 打造用户竞争力，需构建“用户视角的感知指标”

任何业务的管理、评价与度量，都需要在业务目标的指引下，梳理业务逻辑，找到关键环节与标准动作，并把这些关键环节与动作提炼成定性或定量分析的指标。

用户视角下，作为企业通常需要感知以下的几个方面信息。第一是用户对企业的产品与服务是否满意，提炼为“用户满意度”，可以通过问卷、回访、访谈、座谈会等形式来获取。第二是用户在和企业接触过程中是否有额外的激励或愉悦，我们把这个指标定义为“惊喜度”，可通过调

研等方法得出结论。第三是用户是否真正喜欢企业，如果喜欢和认可企业，他们会持续地和企业保持交互与互动，甚至会主动帮助企业宣传。这些方面可设计为“忠诚度”“传播度”和“推荐度”。

当然，除了上述的三个方面外，有些企业也会考虑“美誉度”“支持度”“便利度”等，或者有其他新的想法，其实都是可以的。兵法有云：“兵无常势，水无常形，能因敌变化而取胜者，谓之神”。业务管理亦是如此，大家可按照业务管理的需要，选取聚焦的业务环节，提炼相应的指标。本文按照个人习惯，对“满意度”“惊喜度”“忠诚度”“传播度”“推荐度”进行展开讲解，这五个指标合并称为“五度”。

二、“五度”指标解读

（一）“五度”是用户经营能力的质量指标

用户运营的核心目标是打造企业的用户经营能力，建立起市场竞争优势，甚至形成竞争壁垒。用户经营能力主要看两大方面：

（1）用户运营的效果——看“数量指标”，通过用户运营带来多少效益：有效线索量、新车销量和线上平台的产业。

（2）用户运营的质量——看“质量指标”，用户的“五度”，服务、交互过程中的满意度、惊喜度，用户的忠诚度，用户价值贡献指标推荐度和传播度。

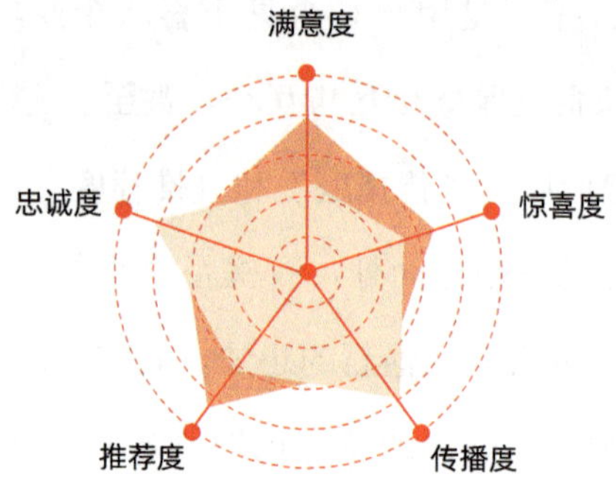

（二）“五度”指标之间的逻辑关系

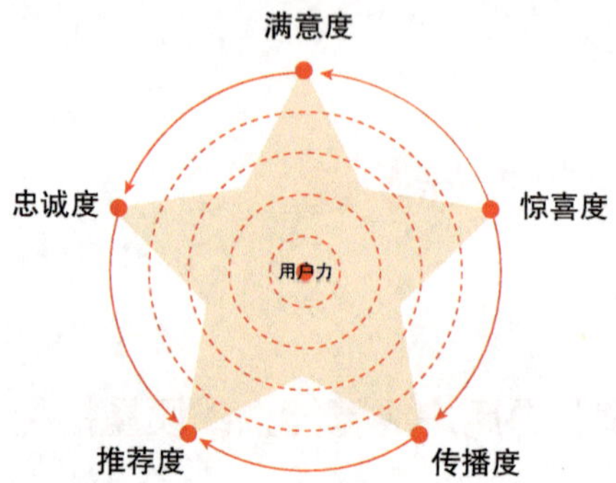

1.“五度”的指标属性

（1）推荐度和传播度，是结果性指标，希望用户去做的行为最后产生的结果。

（2）忠诚度，是状态性指标，希望用户能保持的一个状态，可通过触点交互和推荐度和传播度这两个结果性指标来体现。

（3）满意度和惊喜度，是涟漪指标，是用户产生和保持一系列动作的发起点，满意度和惊喜度的提升，往往能带动其他3个指标的提升。

2.“五度”的指标含义

（1）满意度和惊喜度，是用户在与企业进行线上、线下等互动或服务中的体验与感受，包括服务便利性、服务效率、服务温度、对用户个性化关怀程度、超出预期的价值感等，主要发生在过程之中。

（2）忠诚度，凸显一个用户的对于企业或服务的态度，是拥护、持续，还是放弃；忠诚度指标本身还是通过用户的交互行为来度量的。

（3）推荐度和传播度，指的是用好用户运营之后，用户是否做出有价值的评价和高价值的行为，比如推荐给朋友、主动传播品牌价值等。推荐度和传播度也是通过行为（事件）来度量的。

三、“五度”与运营的应用

（一）“五度”与“私域运营”的驱动关系

“五度”运营的逻辑关系如下：

（1）以“用户”为中心，重在以“用户需求的洞察与识别”。从用户全生命周期出发，审视与用户交互的流程和各个环节，识别用户的核心需求、服务中未被满足的痛点等。这是用户价值创造的源点。

（2）以“价值”为主轴，重在做好价值交换中的渠道、方式与用户的感知和体验。“满意度”和“惊喜度”源自沟通互动的全部过程。唯有愉悦体验才能带来更多“推荐度和传播度”，从而提高用户“忠诚度”。

（3）以“创新”为驱动：重在“内容与形式”的创新。在用户生命期的全流程、全触点中，需求是多样化的，而企业资源相对有限度。面对如此“矛盾”，企业要提升自己的竞争力，更需要创新。企业要结合自身的资源，整合内外部的生态伙伴，创造出更符合用户需求的权益与价值体系。资源是有限的，但带给用户的价值感和体验是可以做到“极致好感”的。

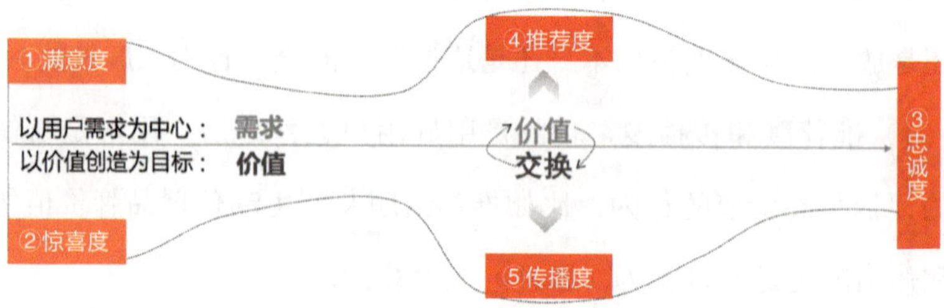

（4）“五度”是评测用户运营质量的指标体系，是私域运营的基础。私域运营一方面要做好成果转换，一方面也必须做好私域池的培育。因此在用户服务流程中，线上的交互设计、不同用户匹配什么权益与服务等，既是软件产品设计与迭代时要考虑的，也是在运营过程中需要考虑的。尽管用户与企业的交互本质是价值交换，但如果不同人性化的服务增加一些温度，冷冰冰的交易会让客户敬而远之、避之不及。

（二）“五度”与“客户生命周期”的关系变迁

1.“五度”中的“二度”先行

“五度”发展与变迁，是科技发展的结果，也是社会进步的结果。人们的生活越来越好，人们的需求也会逐步提升，感知的层级也会从生理需求、安全需求向社会需求和尊重需求，甚至自我实现需求跃迁。

营销也发生着变化，过去营销中人们最在乎两度：“忠诚度”“推荐度”。早年的企业营销，一方面给客户忠诚度奖励积分，一方面给高额的推荐积分。比如某汽车销售企业在十年前的保有客户销售积分就是500，一分相当于1元。而当时该车型保养费用也不过200元出头。当时大家都已有先进的认知：“达成交易，不是销售的结束，而是新营销的开始”。大家在保有客户推荐方面有专门组织和人员来跟进，定期回访客户，关怀客户，并邀请客户参加线下活动等，并在会员手册的醒目处标识保客推荐的好处、利益以及权益等（至今有很多企业也依然还没重视或做到）。

过去的营销模式与现在有着天壤之别，如今便捷、友好的营销模式是社会发展的历史产物。曾几何时，万物皆需“票”，买粮食需要粮票，买肉需要肉票……自行车、电视机更需要排队，那时候哪有什么客户体验，客户依然争着购买。而如今，万物销售皆有“券”，代金券、折扣券、礼品券、兑换券等。前者是资源管控，后者是营销诱因。历史总是惊人的相似，社会的发展与进步最终是让人越来越“懒”、越来越“舒服”。

是故，营销一直在变，可是营销也一直未变。变化的是交互的形式、接触的平台和表达的修辞手法，比如过去平面广告、电视广告，后来是网络广告，现在是短视频、直播，未来可能是元宇宙，虚实融生，这些只是换一个形式，在另一个空间里和我们进行信息交换与互动。互动的感官，由视觉，到视觉+听觉；形式方面由只可看，到可看可评论，再到可私信，现在到可以直接连麦，还可以对消费行为表达感谢。未来的走向是什么？大家不妨做个预言，可能会调动我们更多的器官来参与“眼耳鼻舌身意”。其实营销的核心始终未变，人们有了解信息的需求，人们有知道真相的需求，人们有获取利益最大化的需求，人们有避免被蒙骗的需求，人们有获得尊重的需求，人们有彰显个性的需求，到未来还有价值实现的需求。

其实，在日常的工作中，诸多营销从业者和用户运营的伙伴们，也会经常遇到以下类型的困扰。如我们的领导或甲方会对我们的运营方案或策划创意案等提出各种意见，认为方案内容不够创新、创意不够吸引人、没有抓住客户需求、交互形式陈旧没有新意等。面对以上“条陈建议”，我们不能不接受，也不用全盘接受，需要从本质和需求出发，洞察“五度”在营销和运营各环节的体验和驱动关系，才能做出更加符合实际情况、更加有营销效果的方案来。

2.“五度”伴随客户全生命周期

现在的营销竞争已经从上述的保有客户的竞争到了涵盖潜客在内的全生命周期的竞争。所有的客户资源用一句话来形容叫作“凡经我手，皆为功德”，如同信仰般珍惜经过平台触点的客户，并做好关怀与经营。

营销的设计从第一次触点，即用户注册开始，就开始了“五度”运营，关注客户的满意度、惊喜度等。在粉丝阶段（关注阶段），应积极与用户互动沟通，推进营销诱因促进用户介绍新朋友来关注平台，来参与平台的线上活动或领券。遇到有趣的内容和好的活动，可以推荐给他们身边的朋友。如果有好的消费体验，也可以去传播感受。

“五度”与客户生命周期的关系

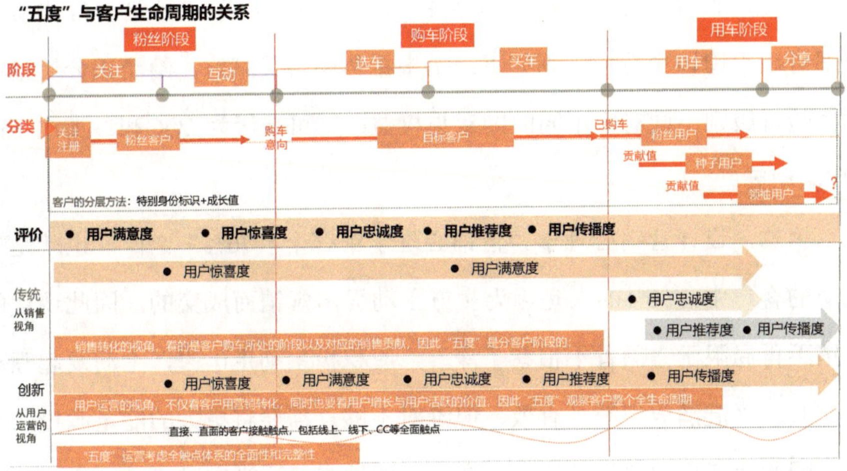

以汽车销售为例。还是引用科特勒5A营销的理论，将客户购车分为5个阶段。每个阶段，客户都有着对应的关注点。从其关注点的角度设计“五度”，提升用户价值。同时应对不同阶段的用户，亦进行分类，用不同的运营方法。

（三）“五度”的产品设计示例

数字化时代，任何运营施策都离不开产品平台的支撑。移动平台就是“场”，企业与用户交互的“场”，与客户进行业务沟通的“场”。在万物皆网的物联网来临之前，我们的交互终端目前还是以App、小程序等为主，汽车方面还有车联网等（此内容必有时效性，技术的发展不可预估，如同当年电视广告刚兴起，秦池就以“all in”式投广告，砸出一次次的销售业绩神话，而这个行为在今天看来就很落伍）。这些平台的设计依然需要“五度”，下面以“推荐度和传播度”为例来说明。

第一，设计规则。设计一个角色“金牌体验官”，只要平台注册用户都可以申请该身份。规则如下：①根据体验官贡献值，给予积分奖励；②体验官级别不同对应不同的勋章与权益；③可晋级为KOC和参加线下的VIP活动等。

第二，设计营销心理学。营销心理学中有个“70%”定律，也就是在成交的客户中，70%的人是因为卖方主动提出营销而成交的。因此现代的营销不再局限于“酒香不怕巷子深”，应积极主动走出去，主动发起互动与交互。“涟漪效应”是有效，但绝对不够，需要将更大的能量源投入水中。因此笔者更建议主动营销，在适当的地方、适当的时机，提出适合的建议。

第三，设计以下三步走计划，分别是①发起建议，②炫耀设计，③参与利益。

注：此图，只是原创的运营示例，材料并不源自任何一个企业品牌。

①发起建议，在用户交互的场景下，比如点赞、评论或参与新车试驾活动、新车交车活动、首次保养等，表明用户在人生的状态方面、生活水平方面或者思想领悟、人生感知方面有了进阶或改变，这都是“恰逢其时”。

②炫耀设计，通过某些合适的渠道，比如朋友圈或短视频等平台，将用户的“进阶、改变或顿悟”状态同步出去，让朋友们感觉到自己要喜提新车了、要换好车了、甚至恋爱了，抑或在人生思考领悟方面通透了等。

③参与利益，客户分享在朋友圈或其他平台的信息，除了传递信息外，还可以给互动者一些好处。可以是抢红包、转转盘、开盲盒等，可能得到一个免费的礼物。营销就是营销人的心性。

四、“五度”指标

（一）满意度

1. 客户满意度指数

客户满意度指数（Customer Satisfaction Index，CSI），是一个用来衡量客户对业务、购买或互动满意程度的指标，也是衡量客户满意度最直接的方法之一，可以通过一个简单的问题来获得，例如“您对自己的体验有多满意？”

2. 顾客满意度测评指标体系

顾客满意度测评指标体系是一个多指标的结构，运用层次化结构设定测评指标，能够由表及里、深入清晰地表述顾客满意度测评指标体系的内涵。通常人们把此指标细分解为四个层级，同时每个层级之间又有一定的逻辑关系。每一层评测指标都是下一层指标的支撑，而同时又是上一层指标的结果反馈。

第一层，总评测指标 “顾客满意度指数”，得出的是最终的结果值；第二层，顾客满意度模型中的“顾客期望、顾客对质量的感知、顾客对价值的感知、顾客满意度、顾客抱怨和顾客忠诚”六大要素，最终决定总指标好不好，所以是第一层的支撑指标；第三层，我们做满意度评测实施过程中，要考虑到不同的产品类型、服务特点、企业或行业属性及所处的时代等不同；针对第二层级的六大要素展开实施的形式、方法也不同，这就是三层指标；所有的指标我们最终都希望可定量或定性分析，需要一个具体交互形式，比如固化成问卷上的内容、访谈的提纲等，这就是第四层指标。所以满意度测评要分步骤、分层级展开。

3. 客户满意度指数的计算

顾客满意度指数测评指标主要采用态度量化方法。一般用李克特量表，即分别对5级态度“很满意、满意、一般、 不满意、很不满意”赋予“5，4，3，2，1”的值（或相反顺序）。

CSI通过计算选择4分和5分的用户为满意的客户。CSI的值是满意的客户数占总样本的百分比，公式如下：

$$CSI=\frac{\text{满意客户数}}{\text{总样本数}}\times 100\%$$

式中，满意客户数指4分和5分用户总数。

示例一，某品牌鞋对产品进行满意度调查表，对产品各方面的满意情况进行了调研设计，示例如下。

	完全同意	同意	无所谓	不同意	完全不同意
价格太贵	5	4	3	2	1
质量很好	5	4	3	2	1
穿上舒服	5	4	3	2	1
容易变形	1	2	3	4	5
很难看	1	2	3	4	5
采用的材质	5	4	3	2	1
设计太差	1	2	3	4	5
颜色太少	5	4	3	2	1
款式太少	1	2	3	4	5
采用防滑鞋底	5	4	3	2	1
鞋底太薄	1	2	3	4	5
尺码偏大	1	2	3	4	5
鞋筒太大	5	4	3	2	1
符合当前流行趋势	5	4	3	2	1
信誉很好	5	4	3	2	1

注：本表源自网络搜索。

示例二如下，不同的行业对于分值带宽设计又不尽相同，有很多行业设计7分制，还有的行业设计的是10分制。下图就是某汽车销售企业针对售后满意度调查表的设计，设计的10分制，并将分值设计为5个区域，“非常满意”区、“非常好”区、“好”区、“一般”区和“无法接受”区。这个设计逻辑取的中位数是“5分”，从5分开始向左或向右滑动。随着汽车销售行业竞争越发激烈，后来发展到满意度如果不是“10分”，都要做满意度改善计划或面临来自厂家的处罚。

无法接受			一般		好		非常好		非常满意
1	2	3	4	5	6	7	8	9	10

4. 客户满意度运营思考

提高客户满意度，应做好以下3个方面：

（1）指标选取：客户体验满意度。对线上线下服务过程中的客户满意度进行调查，提出针对性的改善建议。

（2）沟通渠道：线上或线下客户交互场景。打通客户反馈的通道，客户尤其是在MOT（Moment of Truth，关键时刻）可灵活发起交互或反馈（线上产品的功能开发），由过去的服务后评价发展为现在的服务全过程均可实时评价。

（3）数据驱动：融合多方数据，包括CSI/SSI数据、客户体验满意度数据、客户服务过程中的沟通数据（企业微信和企业的SCRM系统），建立客户满意度分析模型，同时也为下一步服务策略提供指导。从客户驻留时间、负面递减率、推荐度、传播度等视角来评测满意度改善效果。

（二）惊喜度

1. 惊喜度的定义

惊喜度=客户满意度-客户期待度，前者恒大于后者，就产生了客户惊喜。

2. 需求满足层次差

按照马斯洛需求层次理论来分，人类的需求像阶梯一样从低到高按层次分为5种，分别是：生理需求、安全需求、社交需求、尊重需求和自我实现需求。大家的共同认知都是先满足低层次的需求，从生理需求到安全需求，再到社交需求，一层一层来，最后到自我实现需求。这5种需求不可能完全满足，越到上层，满足的程度与概率就越小。

任何一种需求并不因为下一个高层次需求的出现而消失，各层次的需求相互依赖与重叠，高层次的需求出现后，低层次的需求仍然存在，这部分低层次的需求因为能持续获得满足所以不是大家关注的重心而已。这也解释了为什么很多一线体力劳动者一年几万块钱就很满足，而很多有钱有闲的人往往会空虚和迷茫。高层次的需求往往比低层次的需求要求有更高的认知水平、能力和格局，同时高层次需求带来的精神愉悦和自我认同，是其他层次无法匹敌的。这也是为什么很多人选择去做慈善，他们满足了自我实现的需求。

社会学家通过多年的实践发现，人们的社会实践活动并非严格遵守马斯洛需求层次理论那种层层递进式的关系。当其他层需求持续得不到满足和实现以后，人们发现有一层级需求可突破，获得满足，人们就会持续创造条件来满足此需求。当一个人能在自我实现的层次得到充分回报的时候，他会忽略下层的需求。这也解释了为什么我们祖辈的先烈们为了新中国的成立，可以抛头颅、洒热血，即使吃不饱、穿不暖，毅然为了理想和价值前行。这里不是讲历史，而是希望大家能理解到其中的原理。其实营销也是如此，大家了解了需求满足的逻辑，就可以在资源不那么充沛的情况下，根据企业特色和资源情况，设计自己的运营权益和服务，提升客户的惊喜度。

3. 创造惊喜的方式

提升客户体验，创造惊喜，有两种方式，一是寻常之路，二是非常之法。

第一是寻常之路，就是按照需求层次一层层地去递进式满足，层级越高，客户精神满足就会越高。同理也会给客户带来更好的感知和体验，根据惊喜度公式，也会带来惊喜度。这个方法理论上与“条条大路通罗马”是一个道理，但如果真的想从北京去罗马，最快捷方法是乘坐飞机，而非坐车或航海。人的需求是无穷尽的，很多人穷尽一生，都很难满足他们的五层需求，更何况企业仅是一个商业服务组织，所以此法一定会带来更多额外且无效的投入。

第二是非常之法，非常之法不是剑走偏锋，而是聚焦之法，把优势资源聚焦最需要的地方。在完成价值交换的前提下，聚焦企业与客户在完成价值交换的过程中或使用服务期间，如何让客户更加便利获取产品和服务，并聚焦此领域能否获取更大价值与惊喜。为此大家又有两种优化方案，一是聚焦产品，即“产品迭代法”，二是聚焦人群，即“客户聚焦法”。前者是互联网公司最常用、且诸多公司最多借鉴的方法。通常流程是“数据分析团队+用户研究团队+产品团队”形成联合工作小组，做数据分析和用户调研，洞察客户需求并分类，研究其背后改善的切入点和方式等，制定产品迭代计划和方案。这个方法在项目启动前期，尤其是冷启动阶段，非常实用和有效。当运营到成熟阶段，边际效益逐渐递减，更需要考虑第二种方法。看如下案例：

案例一

国外有一项试验，对TripAdvisor网站上的酒店测评进行深度跟踪，选取了2个实验组进行对照分析。A评测组选择的是评价“令人愉快的惊喜”的客人；B测评组选择的是评价“非常满意”的客人。研究团队分别对他们进行“推荐度”的研究，A组有94%的人愿意无条件地向别人推荐这家酒店；而B组这个数字只有60%。

可以看出，满意的客户未必忠诚，非常满意的客户也未必是推荐度最高的；而“惊喜的客户”有非常强的推荐意愿。这也符合人性的底层心理，人们总是愿意分享或推荐愉悦的经历和优质的体验。

案例二

在美国相关研究人员发布的《2016年美国客户体验指数》报告中，针对“满意度”对消费的贡献进行了调研和分析。方法如下，用“1分、2分……7分”的“7分制”来对接受到的服务进行满意度打分。4分是中位数，分数越低，表明感受越差，1分表示很不能接受、7分表示非常满意。那么满意度对消费的贡献到底如何呢？结论如下：①7分的客户消费额最多；②选取了两个参照组，A组是把1分的客户提升到4分；B组是把4~6分的客户提升到7分。对比A、B两组的消费额。B组消费额的提升是A组的9倍。那么我们应该努力把1~3分的不满意用户提升到4分，还是把4~6分的用户提升到7分呢，结果不言而喻。所以企业应该聚焦更高价值的客户群，提升积极体验，更高价值的客户群不仅能帮忙企业进行，还能给企业带来更多的收益。

4. 创造惊喜的时机

心理学研究发现，人们在评判一段体验的时候，不是依据这段体验的平均值，人们对一段体验的感受并不是一成不变的，而是有波动性的变化的。而是集中在3个重要时刻：

（1）初次印象。首因效应由美国心理学家洛钦斯首先提出，也叫首次效应、优先效应或第一印象效应，指交往双方的第一次印象对今后交往关系的影响，即“先入为主”带来的效果。虽然这些第一印象并非总是正确的，但却是最鲜明、最牢固的，并且决定着之后双方交往的进程。客户服务与用户体验亦是如此。

（2）结尾的时刻。“峰终定律（Peak-End Rule）”是2002年诺贝尔经济学奖获得者丹尼尔·卡尼曼教授提出的。他认为：人的大脑在经历过某个事件之后，能记住的只有“峰”（高潮）和“终”（结束）时的体验，过程的体验其实是可以被忽略的。“峰终定律”是一种人为认知上的偏见，人们对过去事物和事件的记忆，往往更容易被人记住的是那些特别好或特别不好的时刻，或者是最后结束的时刻，这个时刻是“峰顶”“结尾”，但不是平均值。比如在北京环球影城有个项目叫“哈利·波特与禁忌之旅”，每次排队的人都很多，排队1小时、1个半小时、2小时都有可能，游玩一次项目也就5分钟，虽然很短，但身临其境的飞行体验给游客带来的惊喜，会让他们忽略漫长排队过程中的无聊。

（3）转折时刻。近因效应是指最新出现的刺激物促使印象形成的心理效果。1957年，心理学家A.卢琴斯根据实验首次提出这个现象。实验证明，在有两个或两个以上意义不同的刺激物依次出现的场合，印象形成的决定因素是最新出现的刺激物。后面更佳的体验会抵消之前的不快体验。这也是为什么把客户的投诉处理好了之后，大家往往会成为朋友的原因。

（三）忠诚度

1. 忠诚度的定义

（1）客户忠诚度，又可称为客户黏度。

客户忠诚度是指客户持续地使用某产品或服务，对产品或服务产生了好感，形成了“依附性”偏好，进而重复购买或自发传播。

（2）客户忠诚度有3种具体的表现。

客户忠诚度有以下3种表现：“情感忠诚、行为忠诚和意识忠诚”。情感忠诚，表现为客户对企业的理念、行为和企业文化以及传递的价值等高度认同和满意；行为忠诚，表现为客户对企业的产品和服务的重复购买行为本文中把大家提及的交易忠诚和竞争忠诚均概括到行为忠诚里。意识忠诚，表现为客户对企业的产品和服务的未来消费意向。从“情感、行为和意识”3个方面对客户忠诚营销的分析及预测，不仅可有效地分析企业服务的质量与客户的满意度情况，更可洞察用户未来趋向分布，有利于企业制定营销服务改善措施，同时及时调整营销管理策略。

2. 提升客户忠诚度的因素

所有的客户营销心理学都源自人性的本能“趋利避害”，做业务也是如此，客户忠诚度也可以从两个方面思考，一是“客户获得了什么好处与利益”，二是“客户有哪些损失和危害”，即“离开成本”。

（1）用户获得的过程：“无感→维护”的发展过程。

影响人类决策的因素有“理性因素”与“感情因素”。不同的“感性因素”会衍生出不同的忠诚模型和类型。按照“感情因素”的“情感积极性”来分，可把客户分为以下3类：“无情逐利类、消极感情类、积极感情类”。

①无情逐利的忠诚——为利而来者必定会因利尽而去。隋朝王通写的《文中子·礼乐》中说：“以利相交，利尽则散；以势相交，势去则倾；以权相交，权失则弃；以情相交，情逝人伤；唯以心相交，淡泊明志，友不失矣。”做过运营的朋友应该都有类似的感受，有这么一部分用户，用户活跃度高、积分高、积分消耗也高，但他们只参与获取积分、领取红包、抽奖等“有利可图”的活动，访问时间都不长，但频次多，达成目标就走。面对这样的用户、企业在做运营决策的时候就比较尴尬。出现这种现象，大多数情况下是因为平台运营第一目的和目标没有清晰地界定，但领导又下了很明确的KPI指标，比如涨粉和活跃度的要求，那为了达成既定KPI，运营过程中往往不得不“放利”。要转变此现象，还是得从定位与第一目标开始重新思考并进行战略调整。

②消极感情却仍忠诚——产品或服务替代成本较高，便利性好、性价比高。比如办理手续、购买票据等的App，体验不佳却不得不用，因为这属于资源导向型。这类产品或服务，一旦有更好的替代品出现，势必会被用户抛弃。切记，任何一个商业体都没有资格对客户傲慢，否则竞争来临

的时候，会很快失败。

③积极感情类用户的忠诚——通常是因为产品质量值得信赖，比如空调中的格力、冰箱中的海尔等；或者是服务很让人感动，比如丰田汽车服务等。如今，科技发展迅猛，各企业在产品功能差异化方面很难有明显的竞争优势，但有些企业因其品牌文化与内涵，收获了一大批高忠诚度的用户，他们的忠诚是因为希望品牌所表达的内涵与文化符号，能彰显自己的个性、品位与调性。这种趋势，值得越来越多的企业去重视。

（2）用户离开成本。

提升忠诚度，另一个维度是提高客户的放弃成本，且高到一个足以让客户不愿意替换的程度。从让渡价值管理中我们了解到客户的成本包括“时间、金钱、关系、习惯”。尤其是习惯成本，好的体验和服务标准保持不变；变化的一定是给予客户的惊喜。无论线下的服务流程和接待标准，比如我每次去你们店都先邀请我入座休息，送上一杯咖啡；结果今天突然送上了一次性纸杯的矿泉水，这个标准的变化不是惊喜而是惊讶。再比如某App版本升级，直接改得“面目全非”，几乎让用户重新学习一遍各个功能的分布。这些都是习惯成本。

3. 忠诚度的度量指标

客户忠诚度，有很多指标来度量，比如客户满意度、客户的推荐度、客户价值贡献等。各个企业的属性不同、运营部门不同，自身追求和目标也不同。希望大家在设计自己企业运营目标时谨慎思考、慎重选择，切勿人云亦云。比如选择将“满意度”作为核心指标之一没有问题，但满意度和忠诚度之间没有绝对的逻辑关系。即忠诚的客户未必满意，满意的客户未必忠诚。我们只能发现两者之间有相关性关系，满意的客户大概率是忠诚的。从私域运营的视角来看，如果更看重私域池的打造，可以选用以下两个指标："客户保持率"和"客户的流失率"。

（1）客户保持率。客户保持率（Customer Retention Rate，CRR），也叫客户延续率。通常指在一定时间范围内老客户与企业继续有交易或交互行为的比例，有以下3个要素：①时间要素，一定时间范围内；②对象是某个群体，而不是全量客户；③确定"保持"的定义，比如电商平台在乎的是有交易行为，平台型互联网App在乎的是客户是否有使用行为，汽车行业在乎的是客户是否有回厂行为等。客户保持率计算方式分为两种。

①一种是基于成交客户数，用于描述上期成交客户在统计期间的成交客户数占比：

$$\text{客户保持率}=\frac{\text{上期成交客户在统计期间成交客户数}}{\text{上期客户数}}\times 100\%$$

例如：

$$\text{3月份客户保持率}=\frac{\text{3月份成交的客户在4~6月份继续成交的数量}}{\text{3月份成交客户数}}\times 100\%$$

②另一种是基于成交金额，该指标可用现有顾客交易增长率来描述。

$$\text{现有顾客交易增长率}=\frac{\text{本期顾客交易额}-\text{上期顾客交易额}}{\text{上期顾客交易额}}$$

值得注意的是，不同行业有不同的周期，比如汽车保养周期有的是6个月、有的是1年；医美整形的周期是1年等。

（2）客户流失率。客户流失率（Customer Attrition Rate / Churn Rate），是顾客流失数量与全部客户数量的比值。它是客户流失的定量表述，是判断顾客流失的主要指标。 客户流失率有绝对客户流失率和相对客户流失率之分，计算方式分别为：

$$绝对客户流失率=\frac{流失的顾客数}{顾客总数}\times 100\%$$

$$相对客户流失率=\frac{流失的顾客数}{顾客总数}\times 流失顾客相对购买额\times 100\%$$

示例：如果一家移动公司的顾客数量从500减少到450，那么它流失的顾客数量为 50，绝对客户流失率即为（50/500）×100%=10%。绝对客户流失率把每位顾客同等看待。相对客户流失率则以顾客的购买额为权重来考虑客户流失率。若流失的50位顾客的单位购买额是平均购买额的3倍，那么相对客户流失率即为（50/500）×3×100%=30%。

4. 私域运营中忠诚度的运营要点

（1）忠诚度评测，需要建立一套“用户忠诚的识别”的体系。

用户忠诚度识别，包括“用户”指的是哪些人群，他们哪些行为属于忠诚范围等。比如有些企业只把成交客户定义为用户，有些企业把未成交的粉丝与意向客户也纳入用户的范畴。对于用户忠诚度不同的行为的定义，举例如下，比如汽车销售行业，有些车企把车主持续地给汽车品牌推荐客户或到期置换新等行为定义为忠诚；有些车企把车主持续地回厂维修、保养定义为忠诚；而有些车企不仅包含以上两类行为，还定期积极参加线下的店头活动，积极热情地传播品牌内容等行为纳入用户忠诚的行为范畴。

（2）忠诚度运营，需要设计不同用户不同层级忠诚度激励机制。

不同层级的客户如铁粉类、KOC类、车主类、车主经纪人类等，他们对于企业有着不同的忠诚度“行为”与价值贡献，应给予不同级别的激励。同时还需要积极创新，针对不同类型的客户我们给予激励的形式也可考虑多元化如荣誉类、特权类、身份类、物质类、权益类、现金类等。

（3）忠诚度范畴，有着不同的内涵与外延。

一是需要界定“忠诚”的内涵，有企业认为只有购买本企业的产品才算是忠诚，有企业是将购买集团或联合运营体的产品或服务即视为忠诚，如航空公司中的中国国际航空公司和山东航空公司里程共享等就属于此类情况。二是设置忠诚客户服务的外延，企业即可自己独立完成忠诚客户的全部服务，还可以整合企业内外部生态资源，丰富用户服务的范围与类型，打造更高级的客户体验。

（四）推荐度

1. 客户推荐度的定义

客户推荐率又称客户介绍率，是客户消费产品或服务后介绍他人消费、购买或使用的比例，是评价客户运营质量的一个结果指标。满意度也好，惊喜度也好，如果没有推荐度这样的结果指标，那运营者基本属于“自嗨型”。

“自嗨型”运营的原因有很多，比如指标做假。这种做假的方法很高明，绝对不会在数字上造假，而是在取数范围（不是全平台触点来取数）、取数的客户样本量及客户的类型，或计算的公式等选取相对值或绝对值等，很多大领导一般不会审阅得特别仔细，于是就会出现数据特别好看但是销量不好的情况。

2. 评价方法一：净推荐值（NPS）

净推荐值是一种度量某个客户会向其他人推荐某个企业或服务可能性的指数。

$$净推荐值（NPS）=\frac{推荐者数}{总样本数}\times 100\%-\frac{贬损者数}{总样本数}\times 100\%$$

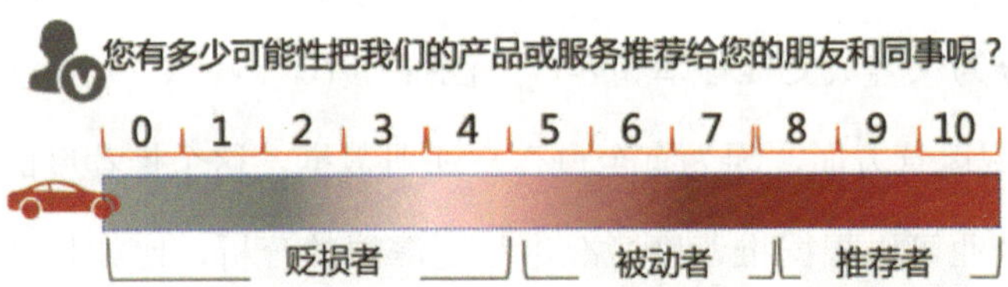

NPS分数多少好呢？参考如下，大于50%为优秀；30%~50%良好，15%~30%合格；15%以下一般，需要改善思考。如果是负数，那就是有危机出现了（不同行业数据不同，以上数字仅供参考）。

3. 评价方法二：客户推荐率

$$客户推荐率=\frac{当期由客户推荐成交的数量}{当期成交客户数}\times 100\%$$

比如某汽车经销商每月销售100台新车，一年共销售1200台新车，其中100台是已购车车主推荐用户购买的。那么他当年的客户推荐率=［100/（1200-100）］×100%=9%。那么该经销商购车的客户推荐率就是9%。

如果在私域运营方面，考量“私域客户给我们带来的新增粉丝（注册客户）”，这也是一种推荐——用户增长的推荐，或者叫作KOC裂变，计算公式同上，只是把推荐客户成交的范围扩大，推荐购买叫成交，推荐关注也叫成交。这个“交”不仅仅是交易，也可叫“交互”。所以在私域运营的时代，要关注的是全生命周期的客户价值与体验，这时的客户推荐度，可细分为保客成交推荐率和客户关注推荐率。

在私域运营方面，因为有全量客户注册数据，这个推荐度的计算还是可行的。企业可以根据推荐度情况进行更深层的分析，比如什么类型的人更愿意推荐、在什么时机更愿意推荐、推荐的理由有哪些类型、推荐时还有哪些问题需要改善等。

（五）传播度

1. 传播度的定义

传播度指的是在私域运营中，通过客户的朋友圈层对企业或平台进行宣传，带来新的客户或交易额的提升。有些运营从业人员也会设计类似NPS净推荐值的指标，来度量客户的推荐意愿。

2. 传播度的计算

（1）无论是主动或通过营销活动后客户给企业传播正正言善论都属于传播的范围，传播也包括通过客户的传播带来的新的阅读、点赞、评论。

（2）传播度的算法有2种。

①从客户参与的程度来测评，客户传播度=（当期客户中给企业传播的客户数/当期客户数）×100%。该指标是用户运营结果指标，评测的是用户对品牌的支持程度。通常，指标越高，客户的支持与拥护程度越高。

②从客户传播带来的结果来测评，客户传播度=（客户传播带来的互动数/总互动数）×100%，评测的是用户传播的效果。比如同样是5%的客户参与了传播，但带来的传播效果占比，A次活动是7%、B次活动是13%，那我们可通过金字塔模型（用户策略章节里有详解）进一步分析，看看客户群像的差别。未来针对不同层级的客户，进行精细化培育。这里有个建议：即使是同一个分析模型，但在不同目标下，用户分层、分群的逻辑也是不一样的。切不可用一个模型去通吃天下。

小结

以上4个模块分别介绍了“五度”对于企业经营中用户竞争力打造的意义；然后介绍了“五度”各个指标，并详细介绍了各个指标之间的逻辑关系；其次介绍了“五度”在私域运营中的应用并展示了部分案例；最后就“五度”指标计算方法，分别进行了展开和解读。

这里强调一下，虽然“五度”是一个平面图画出来的，但是，在实操中一定把它想象成一个立体的三维结构，不是平行关系或因果关系。忠诚度是显示客户保持的一种状态，度量私域池有多少活跃客户数。满意度和惊喜度是度量客户的感知和感受，是结果指标的“驱动轴”。驱动的资源是：通过各类产品迭代、运营创意、资源加持、权益投入、服务提升等，来达成的两个结果指标“用户推荐度和用户传播度”（大家不用琢磨“用户”“客户”“顾客”“潜客”等的区别，它们只是不同企业、不同运营目的和习惯下的不同叫法，可理解为“我们要经营和交互的对象”，或者“人货场”的“人”即可。）

第五章

数据驱动的智能运营

一、数据驱动运营的分类

数据驱动的智能运营，可分类如下：

（1）按照应用深浅分为：①数据可视化，通常指的是结果数据，指标看板；②数据分析层，通过数据漏斗分析、倒金字塔分析等，找业务弱点或增长点；③数据挖掘层，找到数据背后的联系或规律，比如归因分析，找到业务下降或增长的原因；④数据赋能层，通过数据产品直接赋能业务提升效率，比如销售线索评级、客户下订意向度分析、成交预测模型等。

（2）从应用用途来分，又可分为：①数据驱动用户增长；②数据驱动内容迭代；③数据驱动活动迭代；④数据驱动产品优化；⑤数据驱动流量增长……

数据驱动运营分类

从数据加工的深度或应用层次来看，“数据驱动”由浅入深分为4个层次：可视—分析—挖掘—赋能

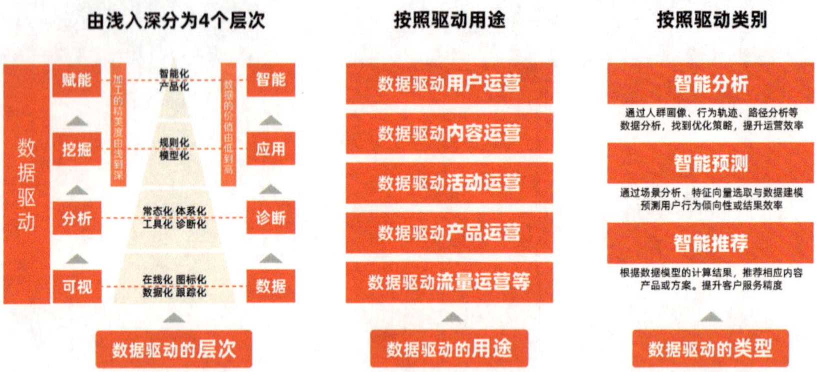

二、数据驱动运营的作用

因为数据分析及挖掘能对用户运营的决策优化和运营迭代带来以下3个方面的改变。

1. 用户洞察：从模糊不清向清晰明了的改变

在大数据技术的赋能下，我们能更加立体地获取客户的数据标签，包括静态的属性数据、动态业务交互数据和线上行动交互数据等，有助于构建更加全面的用户画像，消除“用户认知盲区”，由“猜”客户到“识”客户，由“雾里看花”到“洞若观火”。有了更加立体的用户画像，可以多维度、多视角地洞察客户特征与属性，以及不同阶段的需求与痛点。有利于更加精准和高效地匹配有限的运营资源，获取更大的运营效果。

2. 运营优化：从定性分析向量化诊断的改变

过去，很多运营者制定用户运营的策略时通过“三拍”来定策略，“一拍脑门”，按照经验和个人认知来制定策略；“二拍胸脯”，按照某人的意愿和偏好来做运营策略；“三拍领导”，按照领导的指示（受限于领导的认知）来制定策略。如果结果不好了，再来个“两拍”，一是“拍大腿”马后炮：“当初这样就好了，当初咋没有这么想呢？当初我也这么想了，可惜某某限制不能做等”；二是“拍拍屁股走人”，实在不行就成了“背锅侠”，为不理想的运营效果买单。但是有了更加全面的数据分析之后，运营的决策叫作数据驱动运营。有了数据作为决策基础，就掌控了更多维度的信息，因此运营决策能实现从定性分析向量化诊断方向的改变。

3. 运营施策：从粗放运营向精耕细作的改变

过去由于大数据技术发展水平的限制，人们常常忽略“海量数据”的作用，视其为“数据垃圾”。随着大数据技术的发展与应用，人们可利用的数据范围和形式也越来越广泛。从而对传统依靠人的经验即“专家运营”的用户运营模式，产生新的赋能。过去人们对运营施策管理是比较粗放的，在2015年左右兴起的内容与活动运营，基本是“我想发什么就发什么”，或者是“别人发了什么，我也发什么”“别人有，我也应该有”等追风式运营，精细化程度明显不足。数据驱动的用户运营能实现对运营全过程的数据监测和指标分析，使得运营过程的信息分享更充分、信息更透明，对每个动作执行的效果评估也更及时和全面，更有利于提升组织整体运营效率。

三、数据驱动运营如何来做

数据化的方法和手段可以渗透到内容运营的诸多环节，笔者选取了以下6个方面进行阐述。

（一）取“数”有道，利用数字技术，获取更加全面的数据

所谓埋点就是在应用中植入特定的程序来收集一些信息，跟踪用户使用行为的轨迹数据，为后续产品和运营提供数据支撑。引入数据埋点技术，是为了更好地记录和分析用户消费时的行为模式。

1. 数据采集的必要性

数据采集是数据分析的必备工作，一切数据驱动的前提，都是要有数据。数据采集者一般会自己开发监测代码或采用第三方统计工具，通过业务数据库做统计分析和web日志统计分析。

2. 数据采集需要遵循 3 个要求

（1）全面性：数据采集需要具有全面性，需要体系化的思考，从业务应用为最终出发点，拆解业务流程和数据场景；分析并定位到数据产生的“现场”，利用数字化技术进行数据采集，同时考虑调配多种数据源（客户端、服务端、数据库），保证数据的全面性，尽可能地采集全量数据。

（2）精细化：把不同维度的数据都采集下来，例如对于用户行为来

说，我们需要采集每一个事件的发生人物、时间、地点、内容、频次、事件信息等。因为每一个行动，都反映出一种状态或一种心理，这恰是数据驱动要获取的“信息”。

（3）及时性：业务的场景不同，数据用法不同，对于数据鲜活度要求也不一样。采用数据必须保证数据的时效性，针对不同的场景，考虑采集不同时效的数据，比如营销推荐、商品推荐，一定要考虑及时性。对于保有客户的二次销售，可能需要更加全面的数据和最新的触点行为（它作为触发器，满足条件的触发开关）。

3. 第三方统计工具的优缺点

第三方统计工具主要有友盟、百度、神策等，能够通过嵌入软件开发工具包（SDK）直接查看统计数据，能够满足宏观基础数据分析需求。它们的优缺点也很明显，优点是简单免费，缺点是：①数据采集不够完整（SDK只能采集到设备基本信息，无法采集到服务端和数据库中的数据），无法实现深度分析；②统计不准，由于网络异常和统计口径的问题，容易出现与业务数据库对不上等问题。

4. 数据采集的 3 种方式

数据采集方式主要有全埋点、代码埋点、导入辅助工具3种。

（1）全埋点，在产品中直接嵌入SDK，记录用户每次点击行为，称为全埋点。优点：①展示各种基础指标，用户的行为路径分析等；②技术门槛不高，以SDK嵌入的方式即可实现数据采集；③用户体验友好，用户点击时，会自动向埋点服务器发送数据。缺点：①只适合标准化的数据采集，只能采集用户交互数据，无法采集更多维度的数据（例如试乘试驾功能没有埋点，只能采集到用户点击试乘试驾按钮行为，对于当前页面的展示数据无法采集）；②兼容性有限，使用安卓系统进行埋点时，由于第三方框架较多，容易出现不兼容问题；③通常存在的前端埋点问题，比如数据采集不全面、可靠性无法保障、传输时效性不佳等问题。

（2）代码埋点，代码埋点可分为前端代码埋点和后端代码埋点，该行为需要将SDK植入代码，对应相应的页面以及每一个关键行为，需要编写代码记录必要的事件名、属性字段。相比于无埋点，此埋点较为烦琐，数据更全面，更适合需要精细化分析的场景。一般的大型应用企业，最开始都会采用第三方埋点工具，后续运营工作需要的时候也会进行手工埋点，在成熟期时，一般都会自己开发埋点系统，按照自己运营需要进行埋点。

（3）导入辅助工具，从日志、数据库等导出离线数据，将数据格式化后，通过数据导入模块完成数据的采集，这种方式后期数据加工成本较高。

（二）数据驱动的应用场景

1. 用户画像洞察为所有洞察的基础数据引擎

通过用户的行为、习惯、兴趣、价值等对用户进行360°全方位洞察，找到相似人群，增加转化成功率。即可以通过机器学习的方式，找到目标客户群，同时还可以对目标客户群进行差异化对比分析，找到营销的“痛点”。

客户群体属性性质分析

洞察客户群体基本属性，通过正向样本群体扩展寻找相同属性客户群体

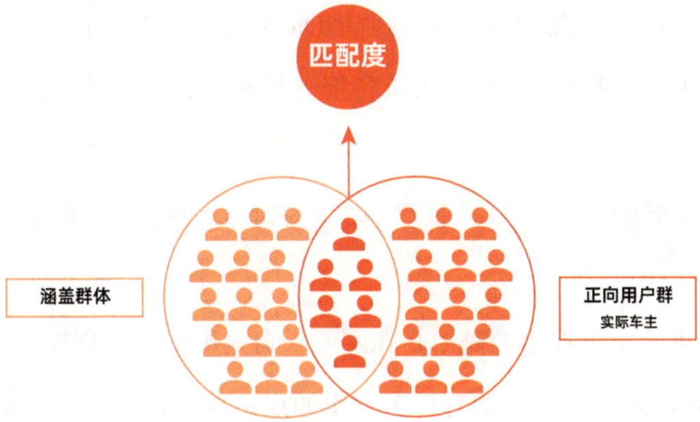

机器人学习行为相似度计算

差异客户人群对比分析

通过正负向人群差异性分析，更好地了解目标人群属性、兴趣和关注度

《 人群关注差异分析 》

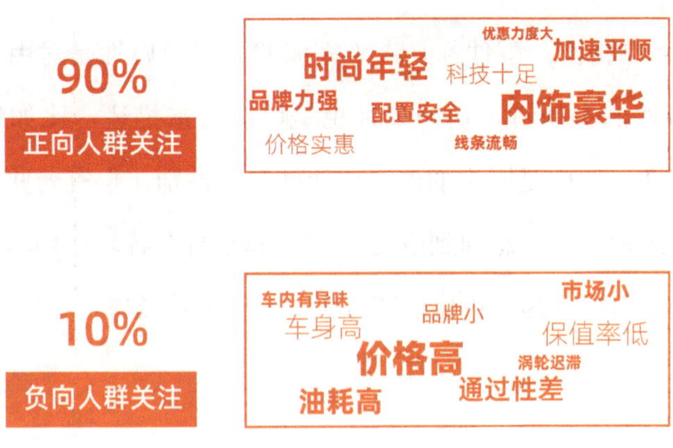

2. 数据驱动运营之用户行为分析（UBA）

UBA可以跟踪每个用户的交互行为，通过手动、自动或其他系统（如社会化客户关系管理SCRM、数据营销DMS）给用户打标签，构建基于行为和属性的用户画像，可以为人群特征分析和千人千面群发提供了更有效的目标用户。

UBA分析的用户、事件模型有3个关键点：事件、事件属性、用户属性。

（1）事件：事件指的是用户在网站、自建平台、小程序或App上发生的有价值的行为。事件类型有很多，比如点击按钮、点赞、评论、拖动验证滑块、注册、领取卡券等。

（2）事件属性：事件属性是事件发生时候的详细情况，描述什么时间、在哪里、发了什么样的事件，通常会用“属性名称：属性值（key：value）”这样的键对来描述事件属性，比如“时间：3月15日”“地点：上海”。

（3）用户属性：事件都是人来完成的，用户属性是对用户的信息补充，也是事件的主动者，用户属性也是以键对来描述，比如性别、年纪等。用户属性有一些是固定的值，比如姓名、性别，也有一些会发生变化的值，比如线索状态从意向到成交等。自建平台在各转化环节埋点监测数据，通过分析用户行为，优化运营方案，提升运营效率，如下图所示。

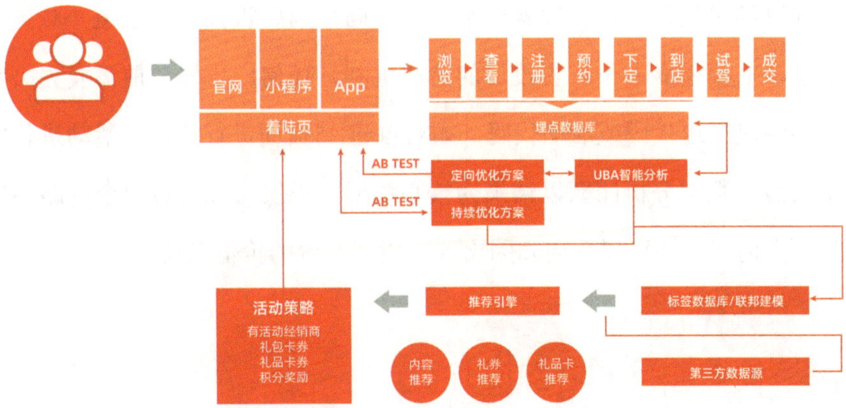

3. 数据驱动运营之费效比提升

通过洞察雷达引擎，进行意向人群差异性分析，发现目标意向潜客，根据媒体链路中的数据，建立转化效能评估模型，实现获客费效比评估机制，让媒体流量到转化成交间的过程更加清晰，使运营管理者可以更好地优化媒介组合和投放时段、选取素材和资源权益投入等。

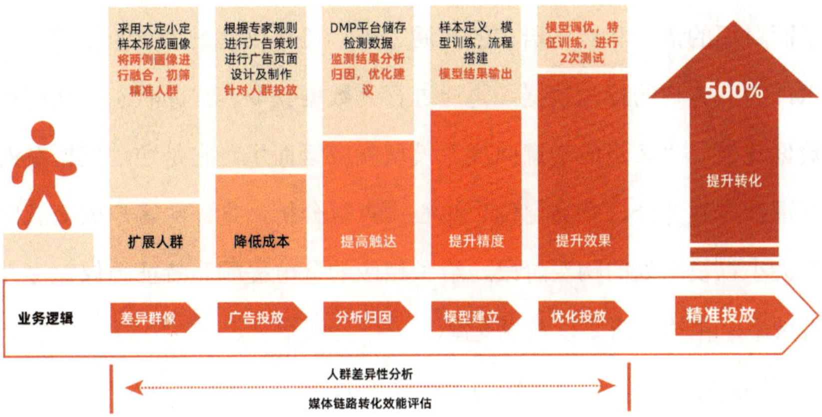

通过结果数据（销售线索或销量）反向归因广告投放的渠道、频道甚至活动，需要建立一个广告投放的监测机制，任何广告投放前需要先去数据中心领取渠道代码或活动代码，如对自建H5页面进行埋点。活动进行中和结束后，数据分析团队以结果为核心依据，不仅可分析客户全链路的转化和流失情况，还可以反向归因出各渠道、平台的价值及特征。

4. 数据驱动之成交意向度分析

用户购买决策是个过程，是一个认知心理改变的过程，这一过程可以通过一些“信息”来洞察。过去的线下销售时代，所有的“金牌销售员”往往都是捕获“信息”的高手，他们通过自己特定的思路、独特的话术与客户保持高效沟通，最大限度地获取客户“信息”，根据日积月累的成交经验，就会很快判定出一个客户的购买意向、成交的级别等，因此他们销售业绩往往名列前茅。随着互联网的发展，人们的购买习惯发生了很大的改变，从过去的以线下为主转变成线上线下相结合。因此获取客户的信息除了面对面的语言和肢体语言的沟通之外，还可以通过埋点监测等大数据技术，获取客户的行为数据，再通过行为数据获取客户的状态，从而进行大数据建模，“客户成交意向度”模型就应运而生。它是通过模型对潜在人群进行线索评分、竞品定位、核心卖点等分析，来评测客户成交意向度概率大小以及所处的购买阶段，给予相应的分值提醒和特征画像，提升线索有效率、预约到店率以及成交率。

下图是业务目标以及对应的运营流程。

下图是数据驱动的业务逻辑。根据从公域和私域收集到的线索，利用模型进行分析，评价预测客户到店的概率，并提取典型标签做成邀约雷达图，整理为一线销售人员销售话术，提升邀约成功率。

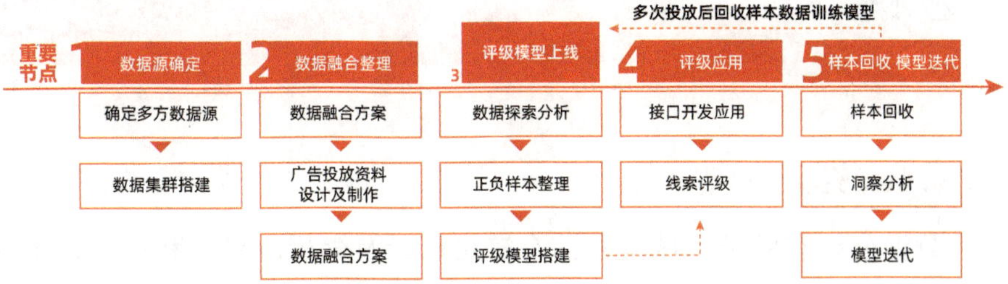

5. 数据驱动之战败激活

战败激活或低意向客户唤醒是各个行业都会用到的高价值场景。在大宗销售管理中，比如新车销售、房屋销售、医美销售等，往往引流成本很高而成交转化率偏低，在这些营销场景中，低意向及战败激活是非常必要的运营动作。营销有3大关键环节，一是扩大入口，获取更多的流量与商机；二是提高成交率，把更多的流量转化为销量；三是提升流量的转化效率，核心是低意向客户召唤或战败客户激活。构建战败激活模型就是为了这个应用场景。

下图是汽车销售流程中的战败激活业务逻辑，通过多方数据，从是否购车、是否有购车相关触点、是否有购车相关行为等，构建用户战败激活模型，驱动营销运营的转化效率。

6. 数据驱动之运营决策

数据分析有助于私域运营的全链路诊断及分析改善。私域运营本身就是三段式营销运营管理：第一段是公域引流，获取流量，涉及渠道效率与效果的分析；第二段是私域承接和营销培育，获取销售线索或订单；第三段是销售转化，成交与交付。大宗商品销售通常是这个逻辑，而在快消品销售中第二段和第三段往往合并为一个环节。把全链路的流量转化路径、核心转化率、跳出比率、时间和位置等诊断出来，可以提高全链路转化率，同时可以提升整体运营效率。通过公、私域全链路数据分析诊断， 打破各触点壁垒的小闭环，形成一体化大闭环，就是数据驱动运营决策。

本身看起来是个可视化平台或界面，实则底层需要有完整的业务流程，包括流程、指标、公式以及标准的参考值和预警基准标准等，并加入大数据算法，对某些变化进行波动归因分析。

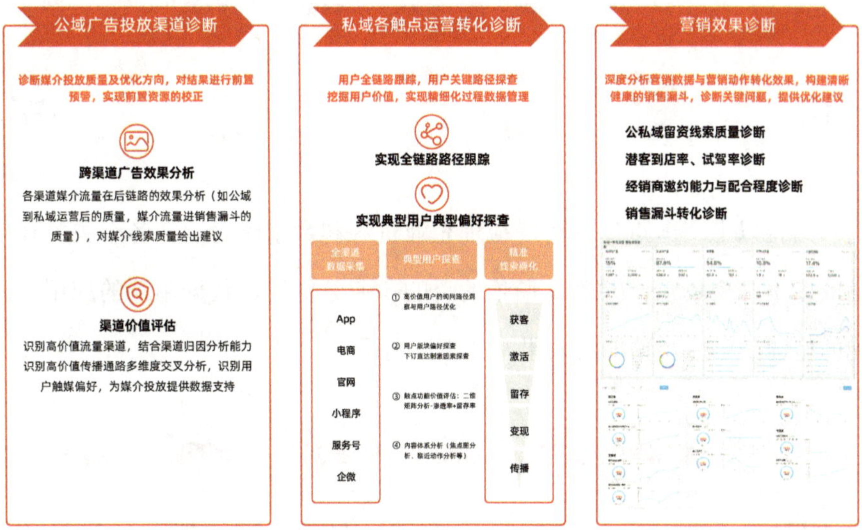

7. 数据驱动运营更多的场景构建

每个行业都有自己的用户旅程和客户的全生命周期，数据驱动数智化运营时一方面强调数据的赋能价值和对运营效率的提升，一方面强调业务专家的对于业务咨询和业务拆解。前文列举的几个数据驱动场景的示例只是一部分，更多的业务场景，还是从业务和用户生命周期出发，梳理出客户全面流程，定位业务“卡点”，所有的“卡点”恰是数据驱动的高价值地方。示例如下。

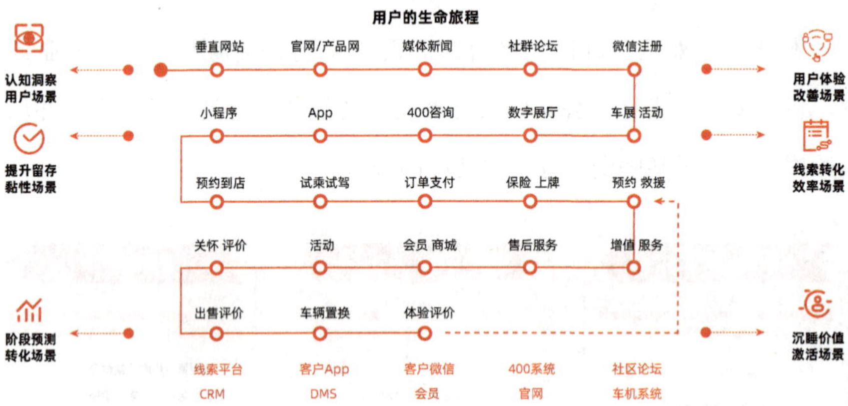

结合以上“卡点”分析，梳理企业资源和数字能力，在各个关键环节抽取以下几个场景，并确认场景的目的、业务价值、数据驱动的应用、匹配的运营动作以及预期的效果，如下图所示。

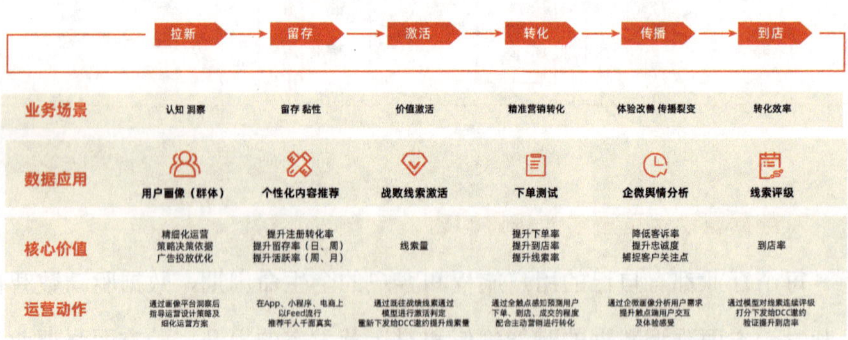

（三）数据驱动的注意事项

1. 无场景，不驱动

数据驱动运营，具体沉淀在各个场景之中，“没有场景就没应用，没有场景就是数据驱动”。抛开场景只谈数据驱动或数据产品，如同一场战争中只谈武器装备，而不谈战略、兵法、后勤一样。

2. 无体系，驱不动

任何一个数据驱动场景，不是单纯的一个数据分析、数据商业智能（BI）平台或数据产品即可。而是需要运营的“整体性”——包括产品功能的迭代、运营流程的优化、运营策划及创意的匹配及资源的调度等。否则，仅仅是数据驱动虽有效果，但很难达到理想的状态，运营目标也很难有质的飞跃。

3. 意不识，驱动偏

任何一个业务，都需要管理者对业务有足够的认知。如果没有足够的认知，且没有专业人才的协助，做业务时就容易想得很美好，一做就出偏差。而管理者往往还意识不到问题所在，要么病急乱投医式地胡乱调配资源，要么习惯性甩锅频繁更换团队。“上下同欲者胜”，公共认知非常重要，若没有公共认知，这个事情还不如不做，白白浪费资源、资金和团队人员的宝贵青春。当然如果团队上下目标一致，大家在整个过程之中，一起学习、试错、进步，并在各种尝试中成长和提升，这恰是互联网敏捷的精神。

小结

数据驱动运营有几个层级，代表着私域运营数据驱动的不同阶段：

（1）第一是业务看板层级，从最基本的指标看板开始分析运营结果指标的好坏。

（2）第二是智能诊断层级，构建私域运营的一整套指标体系，从流量入口、注册留存、活动、留资、下订、成交到最后的推荐、复购等全流程指标；并进行二级指标、三级指标的分解，定义每层指标的含义及与运营动作之间的关系。通过指标变化，来诊断业务卡点和问题。并结合私域丰富的行为数据，做归因分析、交叉分析、对比分析等多维分析，找到指标波动的原因，并给予改善的建议。

（3）第三是数据产品层级，通过数据应用场景进行甄别，并判断具备数据产品化的条件，进行数据产品化的设计，例如保有客户推荐、销售线索评级等。

（4）数据驱动的智能运营，是基于大数据技术的数智化运营。在数据洞察方面，可提供新的参考辅助决策；在运营执行方面，可减少人力投入；在智能营销方面，可提供数据模型作为营销引擎，提高客户身份识别和需求甄别效率，以便更针对性地匹配运营方案等应用场景。

（5）大数据智能驱动终归是运营的工具和效率提升的方式，如同武器，有先进的武器和装备，可以大大提升作战胜利的概率，但并不是有了先进的武器和装备就一定会胜利，还需要依靠优秀的政治决策、作战指挥、后勤支援等。

第六章 数智化潜客培育体系

一、潜客培育的目标

（一）营销运营聚焦的核心领域

（1）营销运营聚焦的核心领域，就是如果将巨大体量的广告投入其中，带来的流量能更多地转化为商机线索，从而促进销售成交。快消品等电商领域，强调客户快速的购买决策以及高频的复购率。而在大宗商品类的营销运营中，客户购买决策过程则更复杂，购买生命周期的阶段也可以更加清晰地界定出来。企业可在数字化技术的加持下，更加精细化地进行销售运营。

（2）在私域线索培育的场景下，重点目标是“流量承接→集客”环节培育，以汽车行业为例，购买生命主要分为下图中的3个阶段。

线索培育的路径，根据客户身份、状态以及车企运营目标的不同，可分为3个子场景：

场景①，聚焦的是流量→留存，标识动作是“注册”（公众号也会有关注，目前主流的运营认知统一为注册，获取手机号，也包括小程序手机号授权）。

场景②，聚焦的是留存→线索产生，标识动作“购车意向”。客户产生了与购车意向相关的动作，如“试乘试驾”“询问优惠”、反复查看“促销活动页”等。这里需要定义“客户购车意向”的“标识行为集合”。场景②是线索产生的特殊场景，有购车意向的客户浏览网页时可能会直接留下信息，因此在产品设计时，要有清晰的入口、便利的操作和富有吸引力的留资运营策略。

场景③，聚焦的是销售促进。指的是对于已经与企业（尤其是经销商）有过交互行为（也包括DCC沟通尚未到店人群）、又回到私域平台的客户，如何运营促进客户成交或缩短成交周期。包括中高意向客户的销售促进和低意向客户的激活。

（二）潜客培育的管理指标

1. 场景①：流量→留存

标识动作是“注册”，其管理指标如下：

（1）核心指标：客户的留存率。

$$客户的留存率（注册率）=\frac{当月访问UV注册数}{当月访问的UV数}$$

（2）管理意义：评价流量承接的能力，也就是私域拉新的能力。

2. 场景②：留存→线索产生

标识动作是“购车意向”，其管理指标如下：

（1）核心指标：线索量，有购车意向的注册客户或留资客户。

（2）管理意义：围绕“线索量”，有一系列的管理意义。

①线索贡献度。

定义：线索贡献度=私域线索量/线上总线索量。管理意义：评价私域线索贡献度。

②相对线索产生率。

定义：线索产生率=私域线索量/当月活跃UV数（相对线索产生率）。管理意义：评价私域线索产生的效率，尤其是活跃客户与线索量之间的关系。

③绝对线索产生率。

定义：线索产生率=私域线索量/私域客户总基盘数（绝对线索产生率）。管理意义：评价私域线索量与基盘用户量之间的关系。

④私域线索有效率。

定义：私域线索有效率=私域有效线索量/私域总线索量。管理意义：评价私域线索的有效率是否高于广告投放等其他渠道。

⑤私域线索成交率。

定义：私域线索成交率=私域线索的成交量/私域总线索量。管理意义：评价私域线索的成交质量，是否高于其他渠道，以便进行多成本分析。

3. 场景③：销售促进

（1）核心指标：私域平台的下订数，指的是客户在私域平台下订的数量。

（2）管理意义：评价私域平台的促销贡献；同时还没包含私域作为销售整理的一部分的整合促销贡献。

二、潜客培育策略

（一）潜客培育的策略

1. 潜客培育的目的：获取销售线索

2. 线索判定的 3 要素“有姓氏、有电话、有购车意向”

（1）在5G时代，线索判定了要素的前两者都可以通过技术手段和运营方法获取，尤其在私域平台上，客户完成了注册后，基本会获取客户的姓氏或昵称及电话号码，或者通过企业微信获得客户信息授权。

（2）线索判定核心是客户购车意向。

①在平台的留资入口主动留资，比如：试乘试驾、“订单——交付

（OTD）”定制车、参加活动等。

②在平台与购车相关的页面反复浏览，比如车系页、车型详情页、试乘试驾活动页、促销活动页、新车上市品鉴页、用车体验帖子等。

③平台有内容交互，第一类是问询类，比如问询留言、问底价、询问活动内容等；第二类是内容交互类，比如给车型、促销活动等相关内容点赞、积极评论等。

④在平台有行为交互，第一类是行为频次的特征，比如访问平台的次数、时间点等；第二类是有相关板块行为与留资的相关性特征（看内容社区等）。

3. 潜客培育运营的目标明确性

所有的运营策略无外乎以下3个目标，一是引导客户主动留资，获取线索；二是对于高意向但未留资的客户进行个性化展示并主动与其沟通，触发客户的主动性，从而得到相关线索；三是低意向客户培育，积极给予这类客户个性化的服务，比如帮助客户进行车型选择，提供配置建议和金融方案等，这都有助于客户从低意向转向中高意向，从而成为有效的商机线索。

（二）潜客培育的策略：“三角形模型”

1. 三角形模型

以业务目标为核心，以运营为引领、产品为支撑、数据为驱动的三角模型如下图所示。

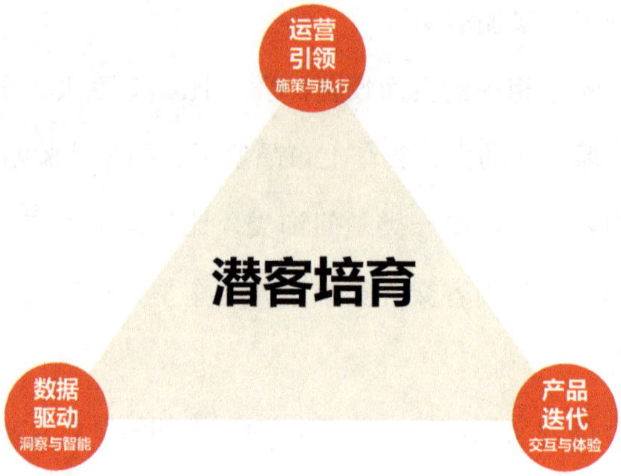

2. 运营引领

（1）需要根据客户的购买周期将用户细分为特定的几个类别，每个类别的客户群对应一种状态，每个状态对应的一个需求。运营需要的业务逻辑就是把客户分群。每个行业都有自己的购买特征，在做业务设计的时候，一定思考与甄别本行业客户状态与需求是如何划分的，这些状态是否有标识性的动作、行为。这是最有专业要求的部分，属于业务咨询领域。

（2）以房屋购买为例进行说明。首先要考虑的是购房者的状态，客户是首购、换购还是增购；其次考虑客户的购房核心诉求是什么，例如交通便利、学区、繁华程度、房屋功能等；然后考虑客户处于购房的哪个阶段，是刚看到广告恰有需求点击进来留资的，还是已经看过几套房都不太满意的，又或者是心中有了2~3个目标，但优惠不满意或有其他的顾虑；最后考虑客户有没有购房资格等情况。如此我们可划分出L1、L2、L3、L4等类别出来，比如L1类型为首次购房，重点核心考虑位置和房屋功能性或初次看房，还没有目标的客户；L2类型为换购客户，有明确的区域需求但目前还没有目标；L3类型为换购客户，有明确区域需求，也看过4个楼盘，但还没有确定下来……，L1的核心标识是“初次看房且没有目标楼盘”；L2的核心标识是“换购，有明确区域需求但没有目标楼盘；”L3的核心标识是“有区域且看过但未确定”。如此，面对L1类型的客户群，运营目标是“下定购房标准，帮助他们决策”；面对L2类型的客户群，运营目标是“换购需求的确认与满足”；面对L3类型的客户群，运营目标是“有哪些需求未满足，我们如何满足？”

（3）运营策划示例。针对不同类型的客户，可以运用不同的运营方法，达成期望的运营目标。比如面对L1类型的客群，分析客户特征：①初次购房者，以年轻人为主，之前没有经验；②以结婚居住为需求的居多，一般对于学区和医疗等资源要求不高，更在乎房屋设计、小区的环境和周围吃喝玩乐资源等；③从房屋偏好来看，此类客户更关注的是有了新房之后的美好生活场景，如男主人需要独立的学习空间、娱乐空间，女主人需要一个化妆台和大大的衣柜等；④从购买经历来看，还处于购买的初始阶段，没有明确的目标，只会有初步的区域、风格等要求，对于户型结构、户型设计、户型风格等还没有系统化的认知；⑤对于购房选择标准和后期的业务服务、交通服务等服务设施缺少清晰的概念；⑥决策方式，一般是在参考家人意见基础之上，两个人商量着来，但大多数都比较冲动，习惯快速决定，希望早入住、早享受；⑦其他方面与购房相关的影响因素。根据以上客户特征及需求进行运营策划：要甄别并判定客户真实需求。很多运营创意与活动策划，上来就关注“创意的新颖性”，追求“新、奇、特、美、异”，追求炫酷的展现形式与有趣的交互方法，而忽略“凡事预则立、不预则废”的“三思而后行”。中国伟大的纵横家鬼谷子有云：“内者，进说辞也；楗者，楗所谋也。欲说者务隐度，计事者务循顺。阴虑可否，明言得失，以御其志。方来应时，以和其谋。详思来楗，往应时当也。”其中充满了“说服”的智慧，亦是营销策划的智慧。运营策划的目标是达成营销目的，本身就是一种说服，说服客户和企业有更多的互动与交互，说服客户留资或购买商品及服务。“欲说者务隐度”，想要说服对方，应先暗中揣摩对方心意。分析客户特征及需求，正是“隐度”。“计事者务循顺”，想要说服对方做一件事，一定遵循对方意愿。“意愿”有很多种理解，比如真实的想法、态度，关注的核心事项，期望的发展进度，喜欢的方式等。策划乃“计事”也，策划执行“务循顺”。“阴虑可否，明言得失，以御其志”，事先分析各方案可行性，是否有针对性，是否直击痛点，是否满足客户需求等。最后考虑策划呈现，好的形式与内容同等重要。众所周知，从易接受的角度，呈现形式是直播＞视频＞图文＞文字。直播和视频虽然便于沟通，但是有时长的限制和难以抓住重点等缺点。因此，应从与客户沟通的目的与目标角度，来匹配合适的展现形式，比如客户希望有详细的户型对比，可能图文形式会比直播更有优势；比如希望集中展示户型卖点，可能短视频会更有优势。

3. 产品迭代

（1）商业的本质是价值交换，而交换需要有场所。在数字化时代，交换的场所是线上的平台，如App、企业微信、小程序、直播平台（及嵌入H5）等，未来可能还有万物皆联的物联网，都是我们与这个世界进行交换的媒介与触点。也是商家与客户交互的媒介与触点，而触点交互的体验与感受，不仅仅会直接影响客户口碑与评价，更直接影响运营的营销目标是否能达成。线下的销售接待有标准的销售流程，有标准动作和话术以及匹配的工具。线上平台也有其体验与感知的标准，这就是线上产品迭代与改善。

（2）产品功能要促成运营目标的达成，示例如下：

①聚焦潜客培育的领域，企业的目标是让客户留资，获取商机线索。看以下示例图。

图中这类方式是IT产品设计逻辑，不是营销运营逻辑，属于“姜太公钓鱼，愿者上钩”。从营销运营角度，绝对是反面教材，不可取！正面示例可看下图。

再比如产品功能设计，需要和运营策划相配合，更好地实现运营的目标。下图可以很好地展示品牌宣传和特色推荐产品设计和运营内容的协同，以及如何引导客户留资。

②潜客培育如何来做产品迭代？

a.要分析客户主要在哪些页面上交互和留资。

线索类型	留资入口	留资路径	备注
预约试驾线索	百度品专留资入口	1.百度品专（百度搜索“一汽大众”，排名第一位的导航栏）-预约试驾-填写个人信息-提交完成	
预约试驾线索	车型页留资入口	2.官网首页-点击“全部车型”-选择车型，进入车型详情页-顶端浮窗-预约试驾-填写个人信息-提交完成	
预约试驾线索		3.官网首页-点击“全部车型”-选择车型，进入车型详情页-底部预约试驾-填写个人信息-提交完成	
预约试驾线索		4.官网首页-点击“全部车型”-选择车型，进入车型详情页-侧边浮窗-预约试驾-填写个人信息-提交完成	
预约试驾线索	购车工具留资入口	5.官网首页-点击“查看全部活动”-购车工具-预约试驾-填写个人信息-提交完成	
预约试驾线索		6.官网首页-点击“查看全部活动”-侧边浮窗-预约试驾-填写个人信息-提交完成	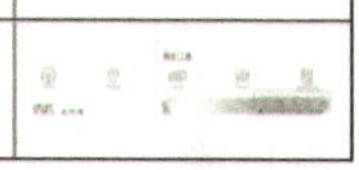

线索类型	留资入口	留资路径
预约试驾	预约试驾	（ICE/MEB）超级APP首页-点击中间的“预约试驾”-填写个人信息-提交完成
一键询价	一键询价	（ICE版面）超级APP首页-点击“车型展示”-选择车型，进入车型详情页-点击“一键询价”，填写个人信息-点击提交-完成留资-经销商回访
报名活动	增换购	大众超级APP“我的”页面-点击“再购有礼”-报名即可参与增换购活动
	推荐购	大众超级APP“我的”页面-点击“推荐购车”-点击“我要推荐”-填写个人推荐信息-点击报名即为参与活动-购车人提供推荐人电话-系统记录
预约试驾	ID.预约品鉴	（MEB版面）超级APP首页-顶部菜单栏-点击“预约品鉴”-填写个人信息-提交完成
报名活动	报名活动	（ICE版面）超级APP-发现页-选择“报名活动”-点击活动详情-填写个人报名信息-点击提交即可报名成功-线下参与活动
领取福利	福利中心	进入APP“我的”页面-点击“福利中心”-选择要领取的卡券-填写个人信息-完成领取

线索类型（四级渠道）	留资入口	留资路径
1元试驾	总部/区域1元试驾活动	首页-banner轮播图-选择车型-下订活动订单（仅活动期间）
		首页-【资讯】-【活动】-【点击活动】进入落地页-下订活动订单（PC端）
		首页-底部菜单栏【活动】-【点击活动】进入落地页-下订活动订单（WAP端）
1元试驾（订金为1元/99元）	总部/区域订金活动	首页-banner轮播图-选择车型-下订活动订单（仅活动期间）
		首页-【购车有礼】-【购车好礼】-下订活动订单
		首页-【资讯】-【活动】-【点击活动】进入落地页-下订活动订单（PC端）
		首页-底部菜单栏【活动】-【点击活动】进入落地页-下订活动订单（WAP端）
纯留资活动	纯留资活动	首页-banner轮播图-点击留资按钮-填写留资弹窗（仅活动期间）
		首页-【资讯】-【活动】-【点击活动】进入落地页-下订活动订单（PC端）
		首页-底部菜单栏【活动】-【点击活动】进入落地页-下订活动订单（WAP端）
定制车	定制车	首页导航栏-【定制车】-选择车型【了解更多】-【开始定制】-支付定金（PC端）
		首页导航栏-【定制车】-选择车型【立即定制】-支付定金（PC端）
		首页-【个性定制】选择车型【了解更多】-【开始定制】-支付定金（WAP端）
		首页-【个性定制】选择车型【立即定制】-支付定金（WAP端）
新车留资	买新车	首页导航栏-【买新车】-车系列表页【车型点击】-新车详情页【预约试驾】
		首页导航栏-【买新车】-车系列表页【车型点击】-新车详情页【获取优惠】(PC端)
		首页导航栏-【买新车】-车系列表页【车型点击】-新车详情页**【一键询价】**(WAP端)
		首页导航栏-【买新车】-车系列表页【车型点击】-新车详情页【咨询底价】-咨询底价页【立即提交】(PC端)
		首页导航栏-【买新车】-车系列表页【车型点击】-该地区共xx家经销商【点击进入】-【一键询价】(WAP端)
在线融资租赁	首页-融资租赁	【融资租赁】-【立即查看】-【咨询详情】(WAP)
代理制	首页留资入口（最底端浮窗）	首页底部banner【立即咨询】(PC)
	限时优惠	首页-【限时优惠】-车型点击-活动详情页【获取优惠】
		首页-【限时优惠】-车型点击-右侧金牌销售【联系我】（PC端）
		首页-【限时优惠】-车型点击-活动详情页【预约试驾】(WAP)
		首页-【限时优惠】-车型点击-选择车型【获取优惠】(WAP)
	经销商(WAP端【经销商】部分为【4s店】)	首页导航栏-【经销商】-经销商列表页【选择经销商】-【获取优惠】
		首页导航栏-【经销商】-经销商列表页【选择经销商】-【预约试驾】
		首页导航栏-【经销商】-经销商列表页【选择经销商】-【我要置换】（PC端）
		首页导航栏-【经销商】-经销商列表页【选择经销商】-服务顾问【咨询】（WAP端）
	二手车	首页-【二手车】-【我要置换】
		首页-【二手车】-【求购好车】
		首页-【二手车】-【选择经销商】-【预约看车】

注：以上内容源自网络，仅限于统计展示，不针对任何第三方。

b.分析主要留资的入口与路径。

常见入口

①试乘试驾

②询价

③定制车

④促销活动

⑤置换评估

⑥金融试算

⑦推荐购车

⑧其他……

以此为模板，统计、分析有哪些入口，哪些页面留资率最高，哪些低？哪些是应该高、但没有高？高的需要强化，低的需要迭代与改进。以调研的品牌为例，它缺少“金融试算”功能，而此功能在其他汽车品牌，是留资较多的入口之一。

4. 数据驱动

（1）大数据技术甄别。

数据驱动核心是通过大数据技术来洞察客户，并能智能地甄别类型，从而确定客户的痛点与需求。大数据技术第一使用场景，按照业务策略设计的逻辑分类，通过数据来智能甄别用户类型。

（2）内容分类及设置标签。

内容分类即按照客户分类体系，设计不同的内容分类。以上述购房场景为例，按 L1、L2、L3、L4……进行内容分类，L1类型客户的内容分类有3种：第一种是首次购房必备认知，如“买房常入的10大坑”“这7类房子买得很开心住得很闹心”“哪些潜规则买房之后才知道”等；第二种是买房流程相关，如“买房不走弯路，只需这四步”“为什么买房看得越多吃亏越多”“买房不用愁，做好5步走”等；第三种是买房功能相关，如“为什么很多买房者只买了钢筋水泥结构呢”“买房不止感性而是人间清醒”“生活品位始于装修前的3年”“一房二人三餐四季五种生活”等。以上内容体系都是围绕L1客户的特征来设计的，其他的内容可参考以上示例来设计。

想要实现潜客培育的智能化，内容的标签体系是必不可少的。建议根据用户生命周期的阶段与状态进行内容的分类，按照分类体系设计标签字典，包括动态标签、动态标签和智能标签。依然用购房来举例，L1类型客户有3类标签，第一类标签为“首次购房必备认知”“首次购房”“坑”“规则”“新手”“房型”“区域”“物业”等；第二类标签为“购房流程”“购房流程”“购房手续”“购房操作”“购房误区”“常见问题”；第三类标签为“房屋功能”“设计空间”“房屋科技感”……以上为标签内容的示例，围绕核心目标，运营管理者需要建立一个专属的内容标签管理体系，包括内容、标签、命名规则和字符化等。这里展示一个汽车行业某个私域运营的数据标签，如下表所示。

一级分类	二级分类	标签名称	标签值	标签类型	数据类型	来源平台	针对用户	数据范围（过滤脏数据）	标签规则定义	标签规则定义说明	更新时间	关联方式
消费行为	优选车品订单		13:39:30									
		精品优选商城初次下单金额	示例： 1、2321.00	统计类标签	decimal	官网/公众号/App/小程序	潜客/车主	-	记录用户所有精品优选商城订单，取第一次下单金额	-	不更新	手机号
		精品优选商城初次下单商品	-	统计类标签	varchar	官网/公众号/App/小程序	潜客/车主	-	记录用户所有精品优选商城订单，取第一次下单商品	-	不更新	手机号
		精品优选商城最近一次下单时间	示例： 1、2020年2月10日 13:39:30	统计类标签	datetime	官网/公众号/App/小程序	潜客/车主	-	记录用户所有精品优选商城订单，取最近一次下单时间	-	按天	手机号
		精品优选商城最近一次下单金额	示例： 1、2321.00	统计类标签	int	官网/公众号/App/小程序	潜客/车主	-	记录用户所有精品优选商城订单，取最近一次下单金额	-	按天	手机号
		精品优选商城最近一次下单商品	-	统计类标签	varchar	官网/公众号/App/小程序	潜客/车主	-	记录用户所有精品优选商城订单，取最近一次下单商品	-	按天	手机号
		精品优选商城总体下单次数	-	统计类标签	int	官网/公众号/App/小程序	潜客/车主	-	记录用户所有精品优选商城订单，并对订单数进行求和	-	按天	手机号
		精品优选商城总体下单金额	示例： 1、2321.00	统计类标签	decimal	官网/公众号/App/小程序	潜客/车主	-	记录用户所有精品优选商城订单，并对所有订单金额进行求和	-	按天	手机号
	购车订单确认	最近下单完成时间	示例： 1、2020年2月10日 13:39:30	统计类标签	datetime	官网/公众号/App/小程序	潜客/车主	-	记录用户所有下单留资时间，取最近一次下单时间	-	按天	手机号
		选择的车型	示例： 1、1.4T手动进取版 2、1.4T自动荣耀版 ……	统计类标签	varchar	官网/公众号/App/小程序	潜客/车主	-	记录用户选择的车型信息，取最近一次下单选择的车型	-	按天	手机号
		选择的车型外观和内饰	示例： 1、极地白 2、月光银 ……	统计类标签	varchar	官网/公众号/App/小程序	潜客/车主	-	记录用户车型外观和内饰信息，取最近一次选择的车型外观和内饰	-	按天	手机号
		选择的车型内饰	示例： 1、黑内饰 ……	统计类标签	varchar	官网/公众号/App/小程序	潜客/车主	-	记录用户车型外观和内饰信息，取最近一次选择的车型外观和内饰	-	按天	手机号
		选择的城市	示例： 1、山西省太原市	统计类标签	varchar	官网/公众号/App/小程序	潜客/车主	-	记录用户选择的城市信息，取最近一次选择的城市	-	按天	手机号
		选择的经销商	-	统计类标签	varchar	官网/公众号/App/小程序	潜客/车主	-	记录用户选择的经销商信息，取最近一次选择的经销商	-	按天	手机号
		填写的姓名	-	统计类标签	varchar	官网/公众号/App/小程序	潜客/车主	-	记录用户填写的订单信息，取最近一次填写的姓名	-	按天	手机号
		填写的手机号	-	统计类标签	int	官网/公众号/App/小程序	潜客/车主	限制11位数字	记录用户所有下订信息，取最近一次下订留资手机号	-	按天	手机号
		填写的身份证	-	统计类标签	int	官网/公众号/App/小程序	潜客/车主	限制18为数字	记录用户所有下订信息，取最近一次下订留资身份证	-	按天	手机号
		计划购车时间	示例： 1、2020年10月	统计类标签	datetime	官网/公众号/App/小程序	潜客/车主	-	记录用户所有下订信息，取最近一次下订留资计划购车时间	-	按天	手机号
		支付定金	示例： 1、2000.00	统计类标签	int	官网/公众号/App/小程序	潜客/车主	-	记录用户所有下订信息，取最近一次下订支付定金	-	按天	手机号
		积分兑换最近一次下单时间	示例： 1、2020年2月10日 13:39:30	统计类标签	datetime	官网/公众号/App/小程序	车主	-	记录用户所有积分兑换订单，取最近一次下单时间	-	按天	手机号

（3）数据驱动的算法模型。

数据驱动潜客培育，需要建立一个算法模型，来智能地匹配客户的类型与内容、活动，不同的客户类型，推送不同内容。

下图以汽车行业为例，展示潜客培育的数据驱动模式："双库一模型"。左边按照运营策略，把客户分为A1~A5类型客户群，建立客户画像库，右边是打了标签的内容和活动内容库，中间是数据驱动算法模型。

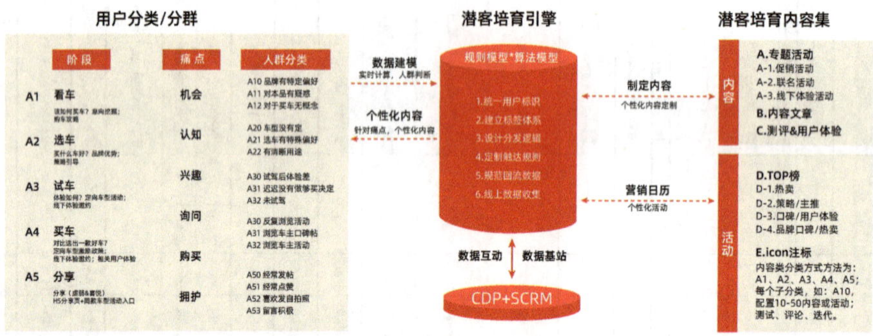

小结

潜客培育是营销运营化的一个核心阶段和领域，聚焦如何将更多流量转化为商机线索。本书提出的方法是以数字化技术营销的视角，通过对用户精细化分类分群，找到群体共性与特点，建立针对性的素材库及服务权益，通过大数据技术实现智能营销与运营转化。

第七章

车企私域运营的 3 大坑

汽车行业主要分为4个领域：研发、生产、供应链、营销。本章探讨的是营销，重点探讨多数车企私域运营必踩的“3大坑”。

一、方向之坑

1. 汽车企业的私域范围

车企私域运营，首先得定义清楚所运营的私域是以下哪些范围？是以腾讯微信生态下的小程序和企业微信为主要平台，还是以自建的App为核心平台？自建官网和小程序等是否为了向App引流？车企的战略需求不同，依托的平台不同，但作为企业应有一个清晰的界定，了解自己做的私域到底是什么范围，在哪些平台上构筑自己的私域。

2. 私域运营目标是什么？

车企私域运营≠互联网运营。

虽然概念与做法源自互联网，但运营方法迥然不同。

大多数车企领导者在做私域运营时，没有想明白其目标，即“车企私域运营，你想要什么”，是要“用户留存、裂变与推荐”，还是“公域流量的引流与转化”？

答案显而易见。每年几十亿的投放流量都接不住、转化不好，却在低头拼命地去另辟蹊径，企图利用私域运营去拉新、裂变，认为这就是创新，实则是在抱着“金饭碗去要饭”，是在浪费资源。

拉新、留存与转化，事事都重要，但车企私域运营者一定要分清先后与主次。看不清、分不明，结果肯定不行。

3. 车企运营必须有自己的模型

市面上充斥了诸多运营模型，有“AARRR”模型、“RARRA”模型、“AIDAS”模型、“AIPL”模型、“O-5A-GROW”模型……每个模型都有其诞生的背景、适用的行业和特定的使用场景。有的目标是“复购”，有的目标是“拉新”，有的目标是“留存、活跃”。根据第一性原理，首先搞清楚车企私域运营的目标是什么，有了这个清晰的目标，必然要有车企私域运营独特的运营模型，可参考私域运营“六芒星”“私域运营AR增长模型”。

行业不同，目标不同，私域运营模型也不同，车企应该打造自己独特的私域运营模型。

二、方法之坑

1. 内容为先

什么叫作内容运营？内容运营是指以内容为核心，涉及内容分发、生产和消费的全链路运营。内容运营的战略价值是优质以及不断更新的内容对于产品的留存、活跃以及后期的变现具有重要作用。内容运营的核心目标是内容变现，比如知乎、得到App等，看内容的客户不会来车企私域平台。

而车企私域运营的核心目标是“销量”，应该聚焦在客户买车过程的服务上，而不是当下如此繁多的“人与生活”主题。

车企私域运营，不要做成内容平台，而应聚焦车的内容和服务。

2. 活动至上

大多数车企，私域运营=活动次数+内容文章+基础运营。

车企私域运营，活动运营，多如繁星。周周互动，月月有活动，图文、短视频大行其道，点击量、点赞量等成为考核核心……费用花出去了，热度上来了，却没带来增量效果。所以私域运营不能为了做活动而做活动，而是要针对特定人群，分析痛点与需求，制定针对性活动，促进客户成长与跃迁，达成营销目标。

车企私域运营（活动+内容）≠私域运营。

3. 私域未一体化

私域运营，就像搭建“台子”来“唱戏”。运营是“戏”，“台子”

是一体化的客户运营平台，包括官网、App、官微、小程序、电商和会员俱乐部等C端触点一体化管理与运营。C端打通，运营统一，是私域运营的基础。

数据管理的一体化是私域运营的增长引擎。以One ID为基础的技术驱动平台，大的如客户数据平台（CDP），小的如数据应用中心库，都能给私域运营带来助力。很多车企平台一体化了，数据应用却没能一体化，只做平台和内容，没有数据智能驱动。

私域运营一体化，“无数据不智能、无智能不私域”。

三、管理之坑

1. 组织之坑

“一切变化始于组织变化”，组织变了，资源配置也会改变。“权责利”变了，目标、效果及效率才会随之而变。私域运营，需要匹配新的组织架构，来支撑私域运营业务目标、运营内容和所需资源。至少需要由用户运营、技术开发、数据分析、资源整合等组成的复合型团队。

车企私域运营，你的组织架构匹配否？

2. 人才之坑

“一切事都是人做的，人才才是核心的竞争力”。无论哪个时代，最缺的都是人才。匹配新的团队，不是说原来的人一定不行，但组织升级了，模式升级了，人才能力模型没有随之升级，能力满足不了组织需要，结局可想而知。

解决方案是按照新定位，梳理业务目标与岗位职责，构建新组织的“胜任力模型”，按照新的“胜任力模型”来重组配置人员。通过社招、转岗、培训等多种方式，构建新团队。

车企私域运营，新团队才有新的竞争力!

3. 思维之坑

“一切组织的变化，源自思维变革。专业的事，交给专业人去做”。现代科学管理的创立背景就是“分工”。当下信息爆炸时代，处处充满着碎片式学习；半部论语可治天下，半通专业切不可指点江山。别用你的业余爱好，去挑战别人吃饭的本事。相信专业，利用专业，多观察泛行业的成功案例，多思考垂直实践应用。思维之坑，一是夜郎自大，二是固执己见，三是恃才傲物。

车企私域运营，是一个应用型开拓式创新。

四、从“新”出发

营销一直在变，营销也一直未变。不变的是营销的本质——“人心与人性”，变化的是客户交互的媒介、平台、方式、表达与修辞。

“不畏浮云遮望眼，洞见本质，得见未来”。

车企私域运营，本质要车企完成自身的变革。要求车企真正完成从促销到营销的转变，从关注销售漏斗到关注用户生命周期价值转变；从企业要盈利向客户和企业双赢乃至客户、企业、生态伙伴多赢的生态转变。

车企私域运营，不仅是项目业务创新，更是车企商业模式的创新！

小结

（1）方向之坑。私域运营一要清楚私域的定义和范围，二要清晰私域运营的目标，三要设计企业独特的运营增长模型。

（2）方式之坑。一要认知“活动+内容≠私域运营”，分级分类精细化运营才是根本；二要掌握私域运营的一体化增长引擎。

（3）管理之坑。一要认知组织变革是基础，二要迈过人才之坑，三要清晰认知，博采众长、融合提炼，方可自成一家。

（4）从“新”出发。私域运营，不仅是业务创新，更是企业级商业模式创新。洞见本质，得见未来。

第八章

私域运营中企业微信的应用

企业微信在企业中的普及与应用，不仅是入口之争，或营销便利性的改变，其本质，是一个时代造就的一个营销新模式，尤其是在私域运营中企业微信的应用尤为重要。因此，对于很多企业而言，更要顺势而为、抓住机遇，善用企业微信。

一、客户沟通习惯变化

营销是个过程，是企业与顾客之间达成交易的过程。如何达成交易呢？需要发现需求、满足需求。达成交易的前提是建立企业与顾客之间的信任。

营销的本质是企业与顾客之间通过多种渠道和沟通方式，发现需求、匹配需求、满足需求，建立信任从而达成交易的过程。

在信息化高速发展的今天，客户与企业的沟通方式不再局限于线下面对面沟通，已进化到了“线上+线下、多端跨屏式”的沟通方式。

二、企业微信的应用方向

1. 企业微信发展经过 3 大阶段：连接员工、连接业务环节、连接客户与用户

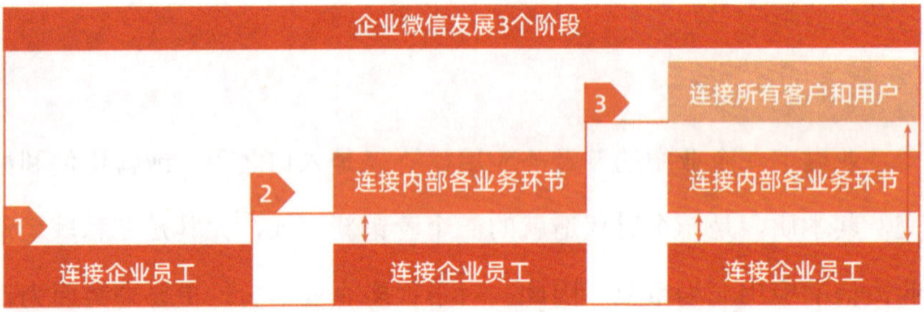

2. 企业微信通过连接“企业向外业务场景”，实现诸多的商业可能

（1）入口合并，构建企业的私域流量池。

企业微信成为企业沉淀用户的最终平台（私域流量池）。用户关注服务号，成为粉丝；用户添加员工企业微信好友，成为客户。企业通过企业微信向意向客户提供售前咨询、在线交易和售后服务，企业微信成为实现拉新、激活、留存、转化和复购的私域管理中心。

（2）人走客留，用户沉淀为公司资产。

企业微信既可完成与客户的高效沟通，同时又能将客户档案、跟进记录、聊天信息等资源沉淀下来，形成有效的客户资源和数据资产。企业员

工的“微信账号”，并不由员工自己所有，而是公司的资产，员工离开，客户重新分配，接手人几乎可无缝对接，继续跟进用户和服务老客户。

（3）公司背书，专业可信。

企业微信由公司注册完成，并有公司管理人员在后台监管。对外有公司品牌背书，专业可信；对内可实现客户服务内容监督和服务质量的评测，有效提升客户服务水平。

（4）运维自动化，有效提升营销效率。

企业微信可实现自动建群、群发消息，有统一的素材中心、话术库，并提供客户意向智能提醒等，可大幅提高销售人员客户管理的效率。

三、汽车企业的营销变迁

汽车企业与客户营销的发展史，经历过“坐商—行商—电商—慧商”的发展历程。

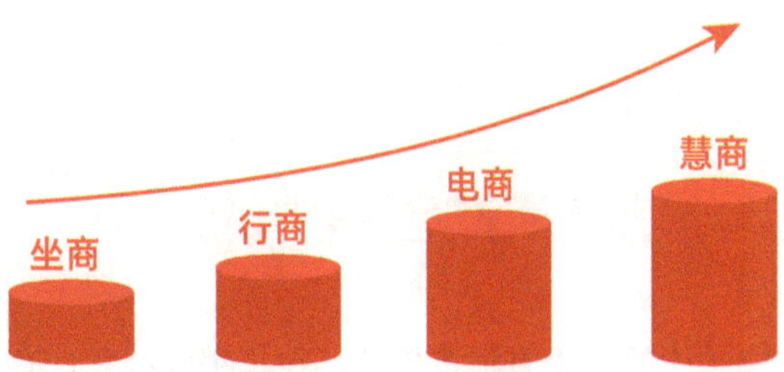

（1）坐商：厂家投广告打知名度，经销商开4S店，坐等客户上门来买车。

（2）行商：主机厂和经销商主动出击，到买车人经常出现的场所去做活动宣传，做外展、巡展或直接铺设二级网点。

（3）电商：其他行业是直接进行线上销售，完成交易；而汽车行业主要是获取线上的销售线索，并进行体系化的跟进、培育与转化。汽车营销最典型的业务是DCC业务（也叫数字营销），各品牌叫法有所区别，又叫IDCC、BDC、ADC等，实际上就是打造一个线上营销的方式，完成线上线下联动。

（4）慧商：在进入MarTech（营销技术）时代后，营销依赖的不仅仅是新颖的营销创意、丰富的活动内容或有趣的互动方式，更是技术手段的支撑和大数据的驱动。

汽车行业营销的变迁，本身就是连接客户的方式及与客户沟通方式的变化。企业与客户之间的沟通，从直接面对面，到增加了电话渠道，在即时通信时代又增加了QQ与微信。企业微信提供的是企业级别的及时通信沟通方式，既融合了企业应用的多种需要，又保留了微信作为社交软件连接客户的优势。

四、企业微信在汽车营销中的应用

企业微信在营销中的应用有很多创新，在经销商视角，有以下3大变化。

1. 企业微信的营销应用，将开启一个终端营销的新时代

企业微信具有“IM”（即时通信）功能。

汽车行业营销经历过多年的发展，一直是以“面对面”的强营销为主要手段：“限时限地、直接沟通、有问有答”。企业微信将开始一个“轻营销”时代，不像强营销那么有压迫感；也不像传统CRM那样仅有弱连接；还能做到“更好的连接、更轻的侵扰，取之即打开、弃之则关闭”。

2. 企业微信融合了车企的DMS（CRM）系统，数据驱动营销效率增强

数字营销2.0时代，数据驱动业务不仅限于过去的过程指标数据，还有销售顾问和客户沟通数据（语音和文字数字），以及销售顾问名片小程序的数据等。看似是数据应用范围的增长，实则是对用户更深层次的洞察，从“听其言”到“听其言+观其行”，最后“得其心”。

3. 企业微信，让营销走入了“人工智能”时代

汽车营销的人工智能应用，尚不需高大上的AI（人工智能），个性化的MA（营销自动化）就可以解决。左手洞察客户需求，右手托起服务和内容，更精准地匹配客户的痛点和需求。然而与快消品冲动消费不同，汽车行业用户购买决策更复杂，其过程依然依靠人的服务，需要建立一套“智能+人工”的复合型客户营销及服务模式。既可大大提升与客户的沟通效率，又不降低客户沟通体验与营销转化率。

五、一千个读者心中有一千个哈姆雷特

认知本质，不是为了事无巨细地亲自去做；认知本质，是为了更好地

驾驭现状、驱动创新。

1. 企业微信，本身是个毛坯房

企业微信本是一个开放的平台，需要各个企业在此基础上进行二次开发。就像是个毛坯房，每个业主根据自己的需求进行个性化的装修，中式的、欧式的、现代简约的等。

因此如果做不到“一企一案”，至少要做到“一行一案”。企业微信的时代，个性化的需求远超CRM时代，行业消费特征与购买历程不同，二次开发的装修方案注定不同。

2. 企业微信，是一个公平的赛道

企业微信是一个公平的赛道，大家的起跑线是一致的，都是在平台功能的基础上，结合本行业进行二次开发。并没有为哪个行业或企业提供独特的能力，即使是腾讯内部其他部门也没有。换言之，找谁来开发都没有额外的平台红利。

在此公平的赛道里，大家比拼的一定是行业理解和场景解读，以及将这些痛点和需求与企业微信及微信其他生态整合的应用能力。例如快消行业、餐饮行业等，可以用小程序连接目标客户，用企业微信沟通培育，做好客户的营销转化。

3. 企业微信，竞争的核心不是软件开发

企业微信的应用，首先离不开技术支持，没有软件开发做支撑，就没

有办法对毛坯房进行装修。软件能力，属于必要而非充分条件，本身没有技术壁垒。

但是，用户要的不是软件产品，而是解决问题的能力。在中国市场的CRM类SAAS产品（软件及服务，就是卖账号或卖服务费），到目前为止没有得到很好的口碑，哪怕国际巨头“S”也不例外。软件如何，要看能不能助力销售，或提升销售效率、降低成本，实效才是王道。

企业应用，需要用业务思维引导软件开发，建立一个企业级的个性化产品，针对性地满足企业运营中的核心痛点和深层次需求。

因此，企业微信应用“无业务、不软件”“无应用、没有用”。

4. 企业微信，私域运营中的个性化设计

进入新模式创新时代，核心竞争力是靠企业自己打造的。数字化技术，为企业应用提供了框架，但里面如何设计，如何体现出主人的品位、风格、爱好，是靠企业自己的。每个企业都可以在其中设置自己的客户标签、销售流程、销售话术和个性化的活动等。

小结

本章重点陈述了以下几个方面：

（1）客户沟通习惯的变化，带来了新的营销需求；目前企业与客户是“线上线下、多端跨屏”的沟通方式。

（2）企业微信提供的开放功能，既集成了微信本身的优势，又为企

业级的应用提供有力支撑。

（3）汽车企业或其他企业营销发展的过程，都是跟着科技发展和人们消费习惯的改变而改变的。

（4）企业微信在私域运营中，给营销提供了鲜活的数据源，为营销的数据驱动运营提供了有力支撑。

（5）每个企业都有着自己独特的应用场景，企业可以在企业微信的平台上进行功能的二次开发；但需要记住的是业务引领开发，而不要让软件开发引领了业务。

（6）最后，任何一个技术创新，都是为了解决当下的一些痛点和问题，提升企业的效率；但它不是濒临倒闭企业的速效救心丸，也不是改变混乱组织的定海神针。它只是一项技术应用，合理使用可以提效的技术应用。